MYTHOLOGIE JAPONAISE

Jeanne Piccoli

Contenu

CHAPITRE 1

M YTHOLOGIE JAPONAISE

Le Japon est un pays riche en mythes, légendes et contes populaires. De nombreuses histoires sont encore racontées aujourd'hui sur des personnages historiques réels. Les actes puissants d'hommes comme Tametomo et Yoshitsune ont été amplifiés en nombre et en notoriété. Mais ces histoires de vaillance et de conflit ne sont qu'une facette de la mythologie japonaise. Le bouddhisme et le shintoïsme comptent chacun des millions d'adeptes et chacun a apporté une extraordinaire collection d'histoires impliquant à la fois des dieux et des mortels.

La religion indigène du Japon est le shintoïsme. Ses dieux ont des défauts humains. Amaterasu, la déesse du soleil, aurait plongé le monde dans l'obscurité à la suite d'une crise de rage due au comportement indiscipliné de Susano, le dieu de la tempête.

Les Japonais sont fascinés par le surnaturel.

Les histoires de fantômes abondent et la campagne est peuplée de créatures mythiques. De nombreuses histoires sont racontées sur le tengu qui vit dans les arbres et les oni malveillants, ou diables. Encore plus curieux sont les kappa, des lutins amphibies qui hantent les rivières. Ces créatures ont un appétit insatiable pour les concombres, mais aussi pour les animaux et les humains.

Les Japonais, comme tous les peuples, aiment aussi les histoires d'animaux. Les chiens, les chats, les renards, les blaireaux et les singes conversent librement et se vengent des torts ou remboursent les bontés qui leur ont été faites par les humains ou d'autres animaux.

La mythologie japonaise est donc un mélange fascinant de héros audacieux, d'êtres surnaturels et d'animaux intelligents - d'amour et de haine, de gratitude et de ressentiment, de bonté et de cruauté. Étant donné que je suis né et que j'ai vécu longtemps au Japon, je suis en mesure de vous raconter de nombreux mythes qui m'ont été racontés dans mon enfance.

1. LE PAYS ET SA CRÉATION

Nulle part ailleurs dans le monde les légendes indigènes ne sont aussi profondément ancrées dans l'esprit des gens qu'au Japon. Les contes

connus de dieux, de déesses, de héros et d'animaux parlants sont répétés dans les livres, les pièces de théâtre et au sein des familles. Cependant, elles sont racontées, comme toute bonne histoire, de bouche à oreille, car le Japon est un pays de mythes, de légendes, de contes et de traditions populaires.

La raison de la répétition et de l'abondance de ces his-toires est peut- être liée à la topographie très variée. Le Japon proprement dit se compose aujourd'hui de quatre îles : Hokkaido (anciennement appelée Vezo) au nord ; Honshu (l'île principale) avec ses six grandes villes dont Tokyo, Kohe, Yokohama et Hiroshima ; Shikoku, séparée de Honshu au sud-ouest par la mer intérieure ; et Kyushu, plus à l'ouest et au sud, dont la princi-pale ville est Nagasaki. L'archipel contient également un certain nombre d'îles plus petites, dont certaines ne sont pas plus grandes qu'une saillie rocheuse sur la mer. L'ensemble forme un demi- cercle de plus de mille kilomètres. Le climat de cet empire insulaire situé dans le Nord-Ouest du Pacifique varie du semi-tropical au sud aux hivers rigoureux au nord. Elle est influencée non seulement par la latitude, mais aussi par le courant chaud du Japon sur la côte Pacifique orientale de Honshu et le courant froid d'Okhotsk dans la mer du Japon à l'ouest. C'est une terre de pics et de chaînes de montagnes, une terre volcanique de cascades, de lacs, de sources chaudes et de tremblements de terre, de typhons et de raz-de-marée. C'est une terre de rivières rapides et limpides et d'une abondance de feuillages allant du vert profond des cryptomérias aux délicates fleurs des cerisiers et des pêchers, en passant par la splendeur dorée et écarlate des érables d'automne.

La religion Shinto encourageait la prolifération des histoires. Cette religion, dont découle toute la véritable mythologie japonaise, admet que chaque chose naturelle, qu'il s'agisse d'un homme, d'un volcan ou d'un pêcher, possède, à des degrés divers, un kami ou un esprit. Les Japonais affirment qu'il existe plus de huit millions ou "800 myriades" de kami. Il ne s'agit pas d'un chiffre définitif. Huit millions est une autre façon de dire innombrable, voire infini, puisque tout et chacun est un kami potentiel. Certains éléments des règnes végétal et animal sont censés émaner de divinités ou en être les descendants.

Il est parfois utile de considérer les kami comme une démonstration de ce que les Japonais ne doivent pas faire. Leur comportement montre qu'ils n'appartiennent pas à notre monde moderne, mais plutôt à un âge

plus ancien. Quand un dieu va aux enfers et a des ennuis, il nous dit que nous devons laisser les enfers intacts. Nous apprenons également ce qu'est l'idée de la culture de la pègre. Dans le cas du mythe japonais/Shinto, c'est un lieu d'impureté et de décadence.

Le pays lui-même, sa flore et sa faune ont certainement joué un rôle considérable dans l'apparition de la mythologie et des traditions populaires japonaises. Le Japon a traversé une longue période d'isolement auto-imposé du reste du monde. De plus, dans un pays où le transport fluvial est rarement utilisé - les rivières sont généralement peu profondes et rapides avec de nombreuses chutes d'eau - les gens avaient tendance à rester sur leurs propres îles ou zones. Et si les Japonais sont des touristes invétérés à l'étranger, leur appréciation de la beauté des paysages de leur propre pays s'accompagne d'un patriotisme particulier. Les temples et les sanctuaires, qu'ils soient shintoïstes ou bouddhistes, semblent se fondre dans le paysage forestier et vallonné, et nulle part ailleurs on n'en trouve un meilleur exemple que dans le quartier des temples de Nikko, à quelques centaines de kilomètres au nord de Tokyo, où sont enterrés les shoguns Tokugawa. Le mot japonais kekko signifie "beau" et rares sont les voyageurs étrangers au Japon qui n'ont pas entendu le proverbe "Vous ne devriez pas dire kekko avant d'avoir vu Nikko". Peut-être en raison de cet isolement et de

la conscience de l'environnement naturel, la plupart des légendes sont locales, liées à une région spécifique ou à une caractéristique de celle- ci.

Par exemple, plusieurs légendes ont vu le jour autour du Mont Fuji. On dit qu'il a été formé lors d'un grand tremblement de terre en 256 avant J.-C.

Le tremblement de terre a provoqué l'ouverture du sol, comme cela s'est produit en 1923, lorsque Yokohama et la majeure partie de Tokyo ont été détruites. Le lac Biwa (le biwa est un instrument de musique en forme de luth ou de mandoline) s'est formé dans ce qui était appelé la province d'Omi, dans le sud-ouest de Honshu. À Omi, une petite colline appelée Migami, de forme similaire à celle du Fuji, est également sortie des enfers. Le Fuji est une montagne sacrée depuis des temps immémoriaux et on raconte que, dans les temps anciens, les indigènes d'Omi pouvaient l'escalader après seulement sept jours de purification au lieu des cent habituels, en raison de la similitude de leur Migami avec la montagne de leur pèlerinage. Fuji est généralement considéré comme une femelle.

Avec une hauteur de 3 776 mètres, c'est la plus haute montagne du Japon.

On dit que le mont Haku, un mâle, la surplombait autrefois. On a demandé au Bouddha Amida de décider quel pic était réellement le plus haut. Il fit passer un tuyau du pic de Haku au pic du Fuji et y versa de l'eau. L'eau a coulé jusqu'au sommet de Fuji et celle-ci, dans sa colère face au résultat avéré de la compétition, a frappé Haku à la tête. En divisant son crâne en huit parties, elle a réduit sa taille et a provoqué les huit pics du mont Haku. Cette histoire est racontée pour d'autres montagnes du pays, et les connaissances modernes en matière de mesure de la hauteur des montagnes ont fait que l'emplacement du mythe a changé de temps en temps. L'origine du peuple japonais est obscure, mais il est généralement admis que les Ainus, qui habitent aujourd'hui Hokkaido, en étaient les aborigènes. Les barbares sont souvent mentionnés dans les mythes et les histoires. Des envahisseurs ont poussé les Aïnus vers le nord et il est probable que ces tribus soient venues d'Asie.

Il n'entre pas dans le cadre de ce livre de discuter des diverses théories modernes sur la population et les migrations, car la mythologie japonaise fournit sa propre histoire de la création du Japon et de son peuple. Cependant, dans certains milieux, à la fin du siècle dernier, on croyait que les Japonais étaient l'une des tribus perdues d'Israël. Les enthousiastes de ce "mythe" soupçonnaient que la tribu était celle de Benjamin.

1. LA NAISSANCE DES MYTHES

Une grande carpe dormant sous la mer, qui, une fois réveillée, a remué les eaux, provoquant à la fois des raz-de-marée et l'apparition des îles du Japon, est un conte populaire parmi les jeunes. Mais l'histoire mythologique habituelle de la création de l'empire fonctionne très différemment et est tirée des documents les plus anciens. L'origine de ces documents est décrite dans le chapitre suivant.

1. Izanagi et Izanami

Avant qu'il y ait un souffle ou une forme, avant que le ciel et la terre

ne soient séparés, avant qu'il y ait des noms, les trois premiers kami ont vu le jour. Ils étaient invisibles. La terre ressemblait à du "pétrole flottant" et "flottait comme une méduse". Quelque chose ressemblant à de jeunes roseaux en a jailli et deux autres kamis invisibles ont vu le jour. Comme elles n'étaient pas visibles, elles n'ont pas été décrites, mais elles sont connues sous le nom de divinités célestes séparées. D'autres divinités

ont suivi, et elles étaient toutes invisibles (du moins pour les humains). Ce sont les dieux de Takamagahara, ou les "Hautes Plaines du Paradis". Le plus ancien de ces dieux était appelé Amanominakanushi-nokami, ou le "Seigneur du centre du ciel". Deux autres kami des Hautes Plaines du Ciel étaient appelés Takamimusubi et Kamimusubi. Ces trois kami, ainsi que deux divinités de moindre importance appelées Umashiashikabihikoji-no-kami et Amanotokotachi-no-kami, ont formé les cinq divinités célestes distinctes, qui ont été suivies par sept générations consécutives de dieux et de déesses célestes.

On ne sait pas grand-chose de ce trio originel, mais il a engendré des générations de dieux et de déesses dans son pays céleste, et après une période de temps non mesurée, un couple de dieux appelé Izanagi et Izanami a été créé. Leurs noms traduits sont respectivement "Male-who- invites" et "Female-who-invites". Ils sont descendus de leur ciel vers la masse huileuse par un pont, généralement considéré comme un arcen- ciel ou la Voie lactée. Izanagi a créé l'océan primordial avec sa lance et les gouttes de sa pointe ont gelé et, en tombant, ont formé l'île d'Ono- koro. C'est l'une des premières suggestions de phallicisme dans la mythologie japonaise. Bien qu'Izanagi et Izanami soient censés être frère et sœur, ils se sont mariés à Ono-koro. Ils ont appris à faire l'amour en observant un couple de motacillas, et ces oiseaux aquatiques sont toujours associés au couple.

Parmi les descendants d'Izanagi et d'Izanami figuraient des points de repère géographiques, notamment les autres îles du Japon, les chutes d'eau et les montagnes, les arbres, les herbes et le vent. Le vent a achevé la création du Japon, car c'est lui qui a balayé les brumes et révélé pour la première fois les îles éparses. Le premier enfant des deux dieux a avorté et cette créature ressemblant à une méduse (appelée Hiruko) a, sans surprise, été jetée à la mer. La naissance de l'enfant démon était due au fait que sa mère avait parlé à tort et à travers pendant le rituel de séduction, un mythe dont certains pensent aujourd'hui qu'il contribue aux inégalités entre hommes et femmes dans le Japon moderne.Tous leurs autres enfants ont survécu. Le dernier à naître, après la formation et le peuplement de la série d'îles, est à l'origine de la mort de sa mère. C'était le dieu du feu. Après sa naissance, Izanami a eu une fièvre si forte qu'elle a fini par en mourir.

Dans les affres de la mort, il a vomi les dieux du métal et des mines. Il a uriné les dieux de l'eau et les plantes vertes qui poussent dans l'eau. Dans ses excréments se trouvaient les dieux de l'argile et de la terre. Au

moment de la mort, Izanagi pleurait et était en colère à cause de son chagrin. "J'ai abandonné mon épouse bien-aimée en échange d'un simple fils", a-t-il dit. Ses larmes sont devenues le kami dont le nom signifie "femme des marais en pleurs". Dans sa colère, il prit son épée et coupa la tête de Kagu-tsuchi, le dieu du feu. Du sang du dieu du feu et de toutes les parties de son corps sont nés d'autres dieux, connus sous le nom de kami "nés de l'épée".

C'étaient des dieux liés au feu et aux rochers, les dieux des volcans et des tremblements de terre.

Izanagi est allé au pays des ténèbres, le Yomi-tsu-kuni, le monde souterrain, pour chercher sa femme. Lorsqu'il la trouva, à l'entrée obscure du monde souterrain et enveloppée d'ombres, il dit : "Oh, mon épouse bien-aimée, nous n'avons pas fini de construire les terres. Vous devez revenir !" Elle a fait un pas en arrière et a prévenu Izanagi de ne pas la regarder. C'était trop tard. Izanami avait déjà "mangé dans l'âtre", ce qui signifie qu'elle avait mangé la nourriture du monde souterrain. Il dit cependant qu'il demandera aux dieux Yomi s'il peut retourner sur terre et répète qu'Izanagi ne doit pas la regarder. Mais pendant son absence, il est devenu impatient et curieux. Un long moment s'est écoulé. Il voulait tellement revoir sa femme qu'il a arraché une dent du peigne dans ses cheveux et l'a utilisée comme torche. Il entra dans la pièce où Izanami était allée et vit que c'était un cadavre pourri plein de vers frétillants. Izanagi a eu peur et s'est enfuie, mais Izanami était furieuse de l'avoir déshonorée. Elle a envoyé les sorcières de Yomi après lui. Izanagi a jeté la vigne qui tenait ses cheveux et elle a donné des raisins, que les sorcières ont mangés. Quand ils l'ont à nouveau poursuivi, il a enlevé le peigne de ses cheveux et l'a jeté par terre. Cette fois, il a apporté des pousses de bambou. De nouveau, les sorcières se sont arrêtées et ont mangé. Izanagi s'est enfui à nouveau, en brandissant son épée derrière lui. Il a jeté trois pêches à ses poursuivants (qui comprenaient maintenant les sorcières, les guerriers de Yomi et les huit dieux du tonnerre qui s'étaient formés dans le corps d'Izanami) et leur a demandé de le sauver, ce qu'ils ont fait. Izanami elle-même le poursuivit alors, mais il s'échappa et déplaça un énorme rocher pour bloquer le passage. Ils ont brisé leurs voeux de mariage et ont divorcé. Izanami a juré qu'il tuerait 1 000 personnes par jour et Izanagi a juré qu'il provoquerait 1 500 naissances par jour, en tenant compte de la mortalité humaine et de la croissance démographique. Izanami est devenu le kami du monde de la mort. Ce n'est pas un lieu de punition ou de jugement dans le mythe shinto, mais un lieu d'obscurité et de décadence.

Izanagi a dit : "J'ai été dans un pays horrible et sale". Je dois me purifier" (traditionnellement, les Japonais prennent toujours un bain rituel après une période de deuil). À l'embouchure d'un ruisseau à Hyuga (nord-est de Kyushu), Izanagi a enlevé ses vêtements, desquels sont nés de nombreux kami, et s'est baigné. D'autres divinités sont nées de son bain. Les trois derniers étaient les plus importants. Lorsqu'il a lavé son œil gauche, le soleil est né, Amaterasu-no-mikoto, littéralement "la personne qui fait briller les cieux". Lorsqu'il a lavé son œil droit, Tsuki- yomi-no-mikoto ("la lune d'août") est née. Et quand il s'est lavé le nez, Susanono-Mikoto ("le mâle furieux d'août") est né. Izanagi s'est réjoui de ces trois nobles fils et leur a donné son pouvoir. Il a décidé de diviser la terre et de donner à chaque dieu une partie de celle-ci. À Amaterasu, il donna un collier et dit : " Tu régneras sur les Hautes Plaines du Ciel. Il a dit à Tsuki : "Tu régneras sur le royaume de la nuit". Il a dit à Susano : "Tu régneras sur l'océan", bien que Susano soit également le kami des tempêtes, qui proviennent de l'océan. Obéissants, Amaterasu et Tsuki allèrent gouverner les royaumes qui leur avaient été confiés, mais Susano pleura et hurla jusqu'à ce que la végétation des montagnes meure et que les rivières et les mers s'assèchent. Son père lui demanda

: "Pourquoi pleures-tu et hurles-tu au lieu de gouverner le pays qui t'a été confié ? "

"Je souhaite aller sur la terre de ma mère", a répondu Susano. En colère, Izanagi a banni Susano, en disant : "Tu ne devrais pas vivre dans ce pays". Ce dernier mythe a deux fins. Dans l'une d'elles, Susano est élevé au ciel où il demeure dans le Jeune Palais du Soleil. Dans l'autre version de ce mythe, Susano est gardé à Taga (dans la préfecture de Shiga, Honshu).

1. Amaterasu, la déesse du soleil

De nombreux mythes expliquent les phénomènes naturels. Le frère Soleil et la sœur Lune entretiennent une relation difficile et sont assis sur leur terre céleste, dont la structure ressemble curieusement à celle du Japon, dos à dos : cela fait référence au jour et à la nuit.

La déesse du soleil, Amaterasu, est considérée comme la divinité dont descend la famille impériale. Parmi les nombreuses histoires qui lui sont associées, l'une des plus connues est celle de sa retraite dans une grotte.

Amaterasu et Susano n'étaient pas amis, car le dieu de la tempête était un personnage gênant. Il s'est rendu une fois dans son domaine sous le prétexte de faire amende honorable pour un précédent écart de conduite. Au lieu de cela, il a détruit ses rizières et profané une grande partie de ses biens. Amaterasu s'est vengée en se retirant dans une grotte, assombrissant ainsi le monde entier.

Les voix des kami se sont élevées en signe d'alarme et des choses terribles se sont produites. Omopikane-no-kami a réfléchi au problème (Omopo signifie littéralement "réfléchir", et ce kami est toujours celui qui est appelé à trouver des idées pour les kami célestes. Son nom complet suggère qu'il s'agit du "kami combinant les pensées", capable de retenir de nombreuses pensées, ou de penser avec de nombreux kamis). Finalement, le kami a construit un grand miroir et l'a suspendu aux branches d'un arbre sacré pris dans les montagnes. Le kami a accroché un tissu bleu et blanc à l'arbre. Au sommet de l'arbre se trouvait un perchoir (dont la forme est devenue celle d'un sanctuaire shinto) avec un coq dessus. Un kami a soulevé l'arbre tandis qu'un autre a prononcé des mots solennels de magie. Puis une belle kami, Ama-nouzume, se tenait sur un seau renversé et dansait, exposant son corps, jusqu'à ce que les quatre-vingt myriades de kami se mettent à rire. Amaterasu a ouvert la porte et a dit : "Je pensais que les terres seraient sombres. Pourquoi Ama-no-uzume chante et danse et vous riez ? "

Ama-no-uzume a dit qu'ils riaient parce qu'il y avait un kami supérieur même à Amaterasu. Deux dieux ont tenu le miroir devant la porte de la grotte où se cachait Amaterasu. Quand il a émergé et s'est approché du miroir, c'est comme si un rayon d'aube avait éclaté. Un dieu qui s'était caché, un dieu de grande force, l'a sortie ; un autre dieu a tendu une

corde magique derrière elle, en disant : "Tu ne peux pas revenir en arrière !". Et ainsi, avec la réapparition du soleil, la lumière est revenue dans le monde, comme le soleil sort après l'obscurité. Amaterasu a rendu la lumière du soleil au monde. Les quatre-vingts myriades de kami ont sévèrement puni Susano, lui faisant payer une amende de mille tables d'offrandes rituelles. Ils lui ont aussi coupé sa longue barbe et ses ongles de pieds et l'ont renvoyé sur terre. À son retour, il a eu d'autres problèmes, bien qu'il ait fini par tuer un dragon à huit têtes en le rendant tellement ivre de vin de riz (saké) qu'il a pu le couper. En lui coupant la queue, il découvrit en elle une épée qui apparaît dans de nombreux autres mythes japonais. Des répliques de cette épée, du miroir utilisé pour attirer Amaterasu dans sa cachette et des perles qu'Amaterasu portait dans ses cheveux, à partir desquelles Susano a créé des enfants, sont offertes à chaque nouvel empereur japonais lors de son couronnement.

Ce sont les trois insignes de la royauté qui lient l'empereur aux dieux, et en particulier à Amaterasu, dont l'empereur est le descendant.

Amaterasu sort de la grotte

1. Susano, le dieu de la tempête

Susano, cependant, ne se limite pas à son rôle de dieu des tempêtes. Son nom a été traduit par "divinité rapide et impétueuse" et "le

mâle impétueux". Il fut banni du pays céleste d'Amaterasu et se rendit dans la province d'Izumo, sur la côte de la mer du Japon, à Honshu. De là, on dit qu'il a planté des forêts sur la côte de la Corée à partir de ses poils de barbe, et qu'il a donc été associé aux forêts. Il est représenté avec une épaisse barbe et est peut-être apparenté aux Ainus poilus. Susano et sa progéniture sont également associés à Izumo. Son petit-fils, Omi-tsu-nu, voulait étendre le territoire de la province. Il a modifié la côte dans sa forme actuelle en tirant vers lui des morceaux de terre de la Corée et de certaines îles au large d'Izumo au moyen de cordes attachées à une montagne. Ces morceaux de terre, réunis ensemble, ont formé la péninsule au nord d'Izumo. La dernière corde utilisée dans cette opération compliquée a été attachée au mont Taisen, et on dit que la plage Yomi, qui se trouve à ses pieds, en est le vestige. De nombreuses autres histoires sont racontées sur Susano, qu'elles soient bonnes ou mauvaises. L'un des récits les plus populaires montre comment il a tué un dragon à huit têtes à Izumo. Il l'a fait en le buvant avec huit bols de saké, la boisson alcoolisée japonaise à base de riz distillé. Dans une version, le saké est empoisonné. Susano a utilisé son courage et sa ruse pour tuer le dragon afin de sauver une déesse mineure, une jeune fille, dont les nombreuses sœurs avaient été dévorées à tour de rôle par le dragon chaque année. L'héroïne de l'histoire était la dernière fille survivante de la famille et, comme on pouvait s'y attendre, elle a épousé Susano. Dans la queue du dragon mort, Susano a trouvé l'épée, une autre partie de l'insigne impérial. Lors d'une des rares occasions où lui et sa sœur étaient amicalement disposés l'un envers l'autre, il l'a donné à Amaterasu. En retour, elle lui a donné certains de ses bijoux, qui constituent la troisième partie de l'insigne. Une autre fois, elle lui a donné d'autres bijoux, qu'il a utilisés comme grêle et éclairs en tant que dieu des tempêtes.

1. Uke-mochi

Tout comme la formation physique des îles volcaniques donne lieu à des histoires ou des mythes, il en va de même pour leurs récoltes. Le dieu de la lune a été envoyé sur Terre par sa sœur aînée, Amaterasu, pour vérifier que la divinité de la nourriture, Uke-mochi, remplissait bien ses fonctions. Afin de divertir cet être supérieur, puisque Amaterasu et ses deux frères avaient la priorité sur les autres divinités, Ukemochi ouvrait la bouche en regardant les champs et en apercevant du riz. Lorsqu'il faisait face à la mer, des poissons et des algues comestibles étaient régurgités, et lorsqu'il faisait face aux collines boisées, du gibier de toutes sortes en sortait. Le dieu de la lune n'a pas apprécié la façon dont le repas a été servi, et sa colère a été si violente qu'il a tué Uke- mochi. Cependant, même dans la mort, son corps a continué son travail, puisque des vaches et des chevaux ont poussé sur sa tête, des vers à soie sur ses sourcils, du millet sur son front et un plant de riz sur son estomac. Le document le plus ancien décrit l'histoire comme se rapportant à Susano, mais un peu plus tard, le Nihongi, affirme que le dieu de la lune a tué Uke-mochi.

1. Fondu-enchaîné et éclair de feu

Les phénomènes physiques et climatiques, tels que les marées et les ouragans ainsi que les tremblements de terre, jouent également un rôle important dans la mythologie japonaise.

Il existe deux mythes dans lesquels une histoire bien connue est racontée. Leurs noms varient d'une version à l'autre, donc pour éviter toute confusion, les noms Fire Fade et Fire Flash sont utilisés ici. Cette histoire appa- raît sous différentes formes dans les annales les plus anciennes. Fire Fade était le plus jeune des deux frères et un excellent chasseur. Fire Flash était un excellent pêcheur. Ils ont organisé une compétition pour voir si chacun pouvait exceller dans le sport de l'autre. Non seulement Fire Fade n'a rien attrapé, mais il a perdu le crochet de Fire Flash. Le frère aîné a ordonné à Fire Fade de le trouver. Cette tâche apparemment impossible a été accomplie en une série d'aventures. Le vieux roi des mers a conseillé à Fire Fade de prendre la mer dans un petit bateau. Il l'a fait, et a rencontré et est tombé amoureux de la fille du roi de la mer. En temps voulu, ils se sont mariés et ont trouvé l'hameçon manquant dans la gorge d'un tai ou d'une daurade. La nostalgie du Japon (un thème mythologique récurrent et toujours une caractéristique nationale), associée au devoir de rendre l'hameçon à Fire Flash, a poussé Fire Fade à retourner sur le continent. Sa femme, enceinte à l'époque, lui a donné le "bijou de la marée descendante" et le "bijou de la marée montante". Ces joyaux de la mer réapparaissent dans les mythes à intervalles réguliers et sont utilisés à des fins diverses.

1. Ninigi et la princesse aux fleurs

Bien qu'une vie courte ne soit pas toujours récurrente, il fut un temps où les princes de la maison impériale n'étaient pas bénis par la vieillesse. Cela a peut-être donné naissance au mythe selon lequel, lorsque le petit-fils d'Amaterasu, Ninigi, a été envoyé au Japon avec les trois objets de l'insigne impérial, il est tombé amoureux de Ko-no-hana, la princesse qui fait éclore les fleurs des arbres. Son père, Oho-yama, le Possesseur de la Grande Montagne, avait une fille aînée, Iha-naga, la princesse au long rocher. Ninigi a pu choisir l'une des deux filles. Il est resté fidèle à la princesse des fleurs et l'a épousée. La sœur aînée, qui voulait ellemême épouser le "neveu bien-aimé", a été profondément blessée par ce mariage et a déclaré que si Ninigi l'avait épousée, leur progéniture aurait vécu longtemps - aussi longtemps que les pierres durent. Mais ses petits-enfants fleuriraient, se faneraient et tomberaient comme des fleurs au printemps.

Malgré cette terrible prophétie, les enfants de Ninigi et de son épouse choisie comprenaient Fire Flash et Fire Fade, ce dernier étant devenu le grand-père du premier empereur du Japon, Jimmu Tenno, par son mariage avec la fille du roi des mers. Après que la fille du roi des mers ait suivi Fire Fade sur terre et qu'il ait rendu l'hameçon à son frère aîné, elle lui a demandé de lui construire une hutte où elle pourrait donner naissance à l'enfant attendu. Elle est entrée dans cette hutte lorsque le travail a commencé et lui a ordonné de ne pas assister à la naissance. Fire Fade regarda et, à son horreur, vit qu'elle avait pris la forme d'un dragon. Il s'enfuit, mais à son retour, il trouve un enfant mortel dans la petite hutte : sa femme est retournée pour de bon auprès de son père, le roi des mers, après avoir été vue sur terre sous sa forme de dragon. Il a envoyé sa sœur de la mer pour retrouver l'enfant, et quand il a atteint l'âge adulte, il a épousé cette tante. Leur fils fut le premier empereur. Quelle que soit la durée de vie générale des princes de la famille impériale, un bosquet de cerisiers entoure le sanctuaire de la consœur de Ninigi, et son père et sa sœur sont vénérés comme le Père de la montagne et la Princesse des rochers. L'emblème de l'armée im- périale était une seule fleur de cerisier, symbolisant la vie glorieuse, bien que courte, d'une personne dévouée à son devoir. Le bambou a longtemps été un symbole de chance, représentant la ténacité et le courage. Le bambou pliera sous l'effet du vent mais ne se cassera pas. C'est une

plante qui pousse en abondance dans les campagnes et qui est admirée pour sa grâce ainsi que pour sa signification symbolique. Il est utilisé à la fois lors des festivals pour les ornements et sous diverses formes comme armoiries. Les fleurs jouent un rôle beaucoup plus important dans l'héraldique du Japon et d'autres pays. C'est la flore plutôt que la faune qui prédomine dans les armoiries des familles anciennes. Leurs jardins montrent à quel point ils sont conscients de la beauté de leurs paysages. Montagnes, vallées profondes, champs en terrasses, chutes d'eau, ruisseaux et formations rocheuses trouvent leur place dans ces jardins souvent petits mais soigneusement proportionnés. Ce sont des paysages en miniature. La vie végétale et la terre sur laquelle elle pousse sont aussi typiquement japonaises que les mythes qui les entourent.

1. Arbres et rochers

Dans tout le Japon, on entend des histoires d'arbres qui ont une forme particulière ou belle.

Une paire de pins entrelacés évoque le mythe d'un couple d'amoureux. Ils s'éloignaient de leur village et, à la nuit tombée, avaient peur de revenir et d'affronter le mécontentement de leur famille ou les railleries de leurs amis. Ils se sont embrassés et ont parlé de leur amour. Au matin, ils s'étaient transformés en pins. Une autre paire de pins est censée représenter un couple dévoué qui est mort au même moment. Ces arbres représentent la fidélité ainsi que la vieillesse heureuse plus habituelle.

À Kyushu, sur la côte de Matsura, se trouve un rocher connu sous le nom de Sayo-hime Rock. Comme beaucoup de formations rocheuses aux formes curieuses, elle a sa propre histoire. Sayo-hime était l'épouse d'un fonctionnaire dont les fonctions l'amenaient en Chine. Dans les temps anciens, Matsura était le port du continent asiatique. Elle est restée pour dire au revoir longtemps après la disparition de son navire, jusqu'à ce que son corps soit transformé en la roche qui porte son nom.

1. L'ouragan Hira

L'ouragan autour du lac Biwa, qui se produit souvent en août, est appelé ouragan Hira, car il souffle depuis la chaîne de montagnes Hira. Une légende raconte qu'une jeune fille qui vivait au bord du lac est tombée amoureuse du gardien du phare situé de l'autre côté du lac. Elle avait l'habitude de le visiter, traversant l'eau la nuit, guidée par la lumière qui clignotait sans cesse sur le lac. Tout s'est bien passé pendant un certain temps. Mais son indifférence aux dangers de la noyade et son comportement débridé ont amené le gardien du phare à se demander s'il s'agissait d'une méchante sorcière et non d'une jeune femme séduisante et courageuse prête à rendre visite à son amant chaque nuit malgré un voyage périlleux. Alors une nuit, pour tester sa théorie, il a éteint la lumière. La femme s'est perdue dans le lac sombre et finalement, effrayée et enragée par le gardien du phare qui ne l'a pas aidée à le rejoindre, elle s'est jetée de son bateau. En se noyant, elle l'a maudit, lui et son phare. Un ouragan a immédiatement éclaté et ne s'est calmé que lorsque le phare et son gardien ont disparu.

CHAPITRE 2

UNE BRÈVE HISTOIRE DU JAPON

Dans ce chapitre, je vais vous donner une brève introduction à l'histoire du Japon. Je ne serai pas prolixe car l'objet de ce livre n'est pas de vous faire connaître toute l'histoire de ce peuple, mais de vous faire connaître les origines des mythes et donc d'apprécier les histoires.

Il n'est pas facile de distinguer la fin de la période mythologique et le début de la période historique dans l'histoire du Japon. De nombreux mythes se déroulent à une époque historique : des personnes connues pour avoir vécu se sont ensuite transformées en héros légendaires, et au fur et à mesure que les histoires étaient racontées, leurs aventures et leurs actes se multipliaient et leur héroïsme était amplifié.

La région connue sous le nom de Yamoto sur Honshu est le siège du pouvoir depuis les temps anciens. C'est ici que le premier empereur du Japon, Jimmu Tenno, est monté sur le trône en l'an 660 avant J.-C., bien que cette date soit légendaire. L'histoire, et la mythologie dans son sens le plus strict, remonte encore plus loin, à l'âge des dieux.

1. LE KOJIKI ET LE NIHONGI

Le plus ancien livre japonais existant, le Kojiki (Témoignages de documents anciens), a été achevé en 712 après J.-C. et a été suivi en 720 après J.-C. par le Nihongi (Chroniques du Japon).

Ce sont les deux principales sources de toute la mythologie japonaise et c'est d'elles que sont extraites les histoires concernant l'ère préhistorique dans les chapitres de ce livre.

Deux séries précédentes de documents auraient été compilées mais n'ont pas survécu.

L'empereur Temmu, qui monta sur le trône en 673 après J.-C., fit mémoriser tout ce qu'il savait sur leur contenu. Hiyeda no Are, dont on pense qu'il s'agissait d'une femme, s'est vu confier cette tâche, mais son mécène est mort avant que le Kojiki, tel que l'ouvrage est connu aujourd'hui, ne soit mis par écrit. Dix ans après son achèvement, après avoir été conservé dans la mémoire de Hiyeda no Are pendant vingt-cinq ans, le Nihongi a été rédigé. Tous deux sont apparus sous le règne de l'impératrice Gensho (715-723), mais c'est l'impératrice Gemmio (708- 715) qui a ordonné que le Kojiki soit enregistré à sa cour à partir des souvenirs narrés par Hiyeda no Are.

En d'autres termes, les recueils de légendes et de croyances du peuple Yamato ont été compilés au 8e siècle afin de confirmer les origines célestes de la cour et du peuple. Le Kojiki a été conservé par la prêtrise shintoïste sous forme de manuscrit jusqu'à sa première impression en 1664. Le Nihongi était écrit en caractères chinois, mais le Kojiki antérieur, bien que rédigé de la même manière, présentait des particularités de syntaxe purement japonaise.

1. Oh-kuni-nushi

Pour atteindre la période mythique précédant la fondation semi- historique de l'empire, il faut retourner dans la péninsule d'Izumo. Les activités du dieu de la tempête Susano étaient principalement limitées à Izumo. Son gendre était un jeune dieu, Oh-kuni-nushi, "le grand maître de la terre". Oh-kuni-nushi a obtenu le mariage de la fille de Susano en la kidnappant. Il attacha les cheveux de Susano aux chevrons de sa maison, puis les deux hommes s'enfuirent, emportant avec eux le sabre de Susano, son arc et ses flèches, ainsi que son koto, ou harpe. Mais Susano a été réveillé par les cordes du koto, qu'il a joué de son propre chef alors que le couple s'enfuyait, et il a suivi le son. Lorsqu'il atteignit les deux, il fut impressionné par leur ruse car il ne se contenta pas d'autoriser le mariage, mais leur permit également de conserver les trésors qu'ils avaient volés et, plus important encore, donna à Oh-kuni- nushi le droit de gouverner la province.

1. Suku-na-biko, le dieu nain

Oh-kuni-nushi fut aidé dans sa nouvelle autorité par un dieu nain appelé Suku-na-biko, " Petit Homme de la Renommée ". Ils se sont rencontrés pour la première fois lorsqu'il est arrivé sur la côte d'Izumo sur un petit radeau, portant des ailes de papillon et de petites plumes. Le nain était le fils de la Déesse Divine Producteur et était qualifié dans les compétences médicales. Lui et Oh-kuninushi sont devenus inséparables et ensemble, ils ont soigné les maladies de la région et ont également cultivé des plantes et des récoltes. Le Petit Homme de la Renommée terminait ses jours en grimpant sur un plant de millet lorsque la récolte était mûre. Son poids, combiné à celui des épis de maïs, a fait plier la plante et l'a ensuite projeté dans le ciel. On dit que cet adorable petit dieu apparaît encore et conduit les gens aux sources chaudes, une action caractéristique car il était connu pour sa nature douce et ses connaissances médicales. Bien que l'État ait été fondé à Izumo, Amaterasu voulait que son neveu Ninigi gouverne l'ensemble de l'archipel engendré par Izanagi et Izanami. Par une série d'intermédiaires, dont son fils, il tente d'obtenir son royaume. Mais l'accord n'a été conclu que lorsque les fils de Oh-kuni-nushi et Ninigi lui- même se sont arrangés pour que Ninigi règne à Izumo.

La condition était que les pouvoirs du monde visible lui reviennent et que les choses "cachées" restent l'apanage des descendants de Susano.

Les connaissances médicales du Petit Homme de la Renommée ainsi que les pouvoirs d'exorcisme et d'occultisme n'étaient pas sous le contrôle de Ninigi.

Il est intéressant de noter que dans le Nihongi, Susano dominait la mer, un monde souterrain entier, bien que cela ne soit pas souligné dans le Kojiki.

L'un des plus hauts ordres japonais est celui du Trésor Sacré. Ninigi est le premier à en être investi car Amaterasu lui a donné les insignes de la royauté : l'Épée, le Miroir et les Joyaux. Lui et ses disciples sont arrivés à Kyushu depuis les plaines célestes de la côte Pacifique, une région appelée Himukai. En traduction, cela signifie "face au soleil". Ils ont migré vers l'est le long de la mer intérieure jusqu'à la région centrale de Honshu connue sous le nom de Yamato, qui n'a été atteinte que deux

générations plus tard par Jimmu Tenno, qui a débarqué sur l'île principale près de la ville actuelle d'Osaka. Les descendants d'Amaterasu et de Ninigi ont un jour été vaincus par les habitants sur leur chemin vers l'est lorsqu'ils se sont battus devant le soleil. Dès lors, ils ont toujours combattu, avec succès, avec les rayons de la déesse du soleil derrière eux. Après l'arrivée de Jimmu Tenno comme premier empereur du Japon, Yamato est resté le siège de la cour impériale jusqu'à la fin du VIIe siècle. La cour s'est ensuite déplacée vers l'actuelle ville de Nara, également sur Honshu mais plus au nord. Elle y est restée jusqu'en 784. Kyoto est devenue la capitale en 794. C'est au cours de la période Nara que le Kojiki et le Nihongi ont été transcrits. Cette période de sept règnes a été, dans l'ensemble, une ère créative et constructive. Mais des siècles avant sa création, la cour a été harcelée par les Aïnus et une insurrection a eu lieu à Kyushu. L'empereur Chuai (192-200) est mort d'une blessure par flèche dans la campagne de Kyushu, bien que dans Kojiki il soit dit qu'il est mort en jouant d'un instrument de musique.

1. Date de Yamamoto

Chuai était le fils de Yamamoto Date, l'un des quatre-vingts fils de l'empereur Keiko. Yamamoto ne devint jamais empereur, mais fut un puissant combattant et patriote. Il a vécu au IIe siècle et de nombreuses histoires sont racontées à son sujet.

Il a été envoyé pour soumettre les tribus rebelles de l'ouest afin de venger les atrocités commises par celles-ci sur certains de ses nombreux frères. Il se déguisa en jeune femme et fut ainsi admis dans la maison d'un des chefs de tribu. Ce chef donna une fête en l'honneur de la "jeune femme" et s'enivra pour elle, après quoi Yamamoto Date le poignarda à mort.

Yamamoto a senti que c'était son devoir de tuer un autre hors-la-loi. Il fait semblant d'ignorer les crimes de cet homme et devient une de ses connaissances au point d'aller nager avec lui de temps en temps. Lorsque Yamamoto Date s'est assuré que le hors-la-loi n'était pas suspect, il a emporté une épée en bois lors de l'une de ces excursions en plus de sa propre arme mortelle. Pendant que le hors-la-loi était dans l'eau, Yamamoto Date a nagé jusqu'au rivage et, sans être vu, a pris l'épée du hors-la-loi dans son fourreau, la remplaçant par une épée en bois (à l'époque, les gens ne se promenaient pas sans arme). Lorsque le nageur l'a atteint, Yamamoto a proposé un duel amical et, alors que la victime de la ruse s'efforçait de sortir l'épée en bois de son fourreau, son adversaire l'a décapité avec sa propre épée. Son père, l'empereur Keiko, a été ravi d'apprendre cette performance.

A une autre occasion, Yamamoto a été envoyé à l'est pour soumettre les tribus Ainu. En chemin, il s'arrêta pour prier au sanctuaire où était conservée l'épée que

Susano avait trouvée dans la queue du dragon (qui fait maintenant partie de l'insigne impérial), et il emporta l'épée avec lui. Les Aïnus ont fait semblant de se rendre et l'ont invité à chasser avec eux dans la plaine ouverte. Mais ils l'ont encerclé et ont mis le feu aux broussailles. Yamamoto a coupé les buissons avec son épée et s'est enfui.

Il existe d'autres versions, plus magiques, de cette histoire.

Un autre incident s'est produit lors de la même expédition vers l'est. Son navire fut englouti par une effrayante tempête et son compagnon, sachant qu'il avait mis en colère les dieux de la mer et qu'ils ne

cesseraient de le tourmenter, lui et son groupe, sans un sacrifice humain, sauta par-dessus bord dans ce qui est aujourd'hui la baie de Tokyo. Le navire a donc pu amener Yamamoto Date et son groupe en toute sécurité à leur destination, la tempête ayant cessé avec le suicide.

Après d'autres batailles, Yamamoto Date est retourné dans sa famille et a entendu parler d'un esprit rebelle maléfique. Il repartit en expédition, mais tomba malade d'une fièvre causée par cet esprit. Il a été contraint de rentrer chez lui, où il est mort. Un oiseau blanc s'est élevé de son tertre funéraire et le même phénomène s'est produit lors de deux enterrements ultérieurs. La réinterprétation du père de l'empereur Chuai a été enregistrée plus tard et constitue un exemple de la façon dont les héros anciens s'accrochent à l'imagination et dont leurs histoires se propagent.

1. LA CONQUÊTE DE LA CORÉE

L'an 200 de notre ère est non seulement la date traditionnelle de la mort de Chuai, mais aussi celle de l'invasion de la Corée par sa veuve, l'impératrice Jingo. La date exacte de la conquête est incertaine, mais il fait partie intégrante de la mythologie japonaise que l'impératrice a porté son enfant à naître pendant trois ans. Cette longue période entre sa conception et sa naissance a permis à la mère d'achever la subjugation de la Corée et de retourner au Japon. En temps voulu, l'enfant devint l'empereur Ojin, qui fut plus tard déifié sous le nom de Hachiman, le dieu de la guerre. Il est devenu la divinité protectrice du clan Minamoto, qui a joué un rôle important dans l'histoire du Japon huit cents ans plus tard. Les rois des trois royaumes de Corée de l'époque ont promis à l'impératrice Jingo de "lui rendre hommage et de lui envoyer un tribut jusqu'à ce que le soleil ne se lève plus à l'est mais vienne de l'ouest, jusqu'à ce que le cours des rivières revienne en arrière et que les galets des rivières se lèvent et deviennent des étoiles au paradis". Quoi que les historiens disent de la conquête de la mère de l'empereur Ojin au troisième siècle, on pense que son succès est dû en grande partie au fait qu'elle avait sur elle les 2 joyaux de la marée. Ces bijoux marins mythiques, dont l'origine a déjà été décrite, lui permettaient de contrôler les marées et donc les manœuvres de sa flotte de navires et de l'armée de poissons qui l'accompagnait. Certes, le lien étroit entre le Japon et la Corée est un fait mythologique et historique établi de longue date. En

285 après J.-C., l'un des trois rois coréens a introduit les caractères chinois au Japon.

1. L'ARRIVÉE DU BOUDDHISME

Je n'entrerai pas dans les détails de l'histoire du Japon et de ses interrelations avec l'histoire de la Chine et de la Corée, mais trois siècles après le tribut coréen qui a donné au Japon une langue écrite, le bouddhisme est également arrivé : à nouveau de Corée et à nouveau sous forme de tribut.

L'un des rois coréens avait besoin de l'aide militaire du Japon et son tribut a pris cette fois la forme unique d'une image de Bouddha en or et en cuivre, ainsi qu'une sélection d'écritures bouddhistes.

Le Nihongi donne la date de ce don comme étant 552 AD.

L'empereur régnant reçoit volontiers les nouvelles doctrines, mais il y a une opposition à la cour. Les détails des conflits émotionnels et martiaux de cette période sont obscurs, mais outre les conflits d'origine humaine, la maladie a également frappé. Les anti-bouddhistes pensaient que la peste provenait de l'influence de la nouvelle religion et l'image en or fut jetée dans la rivière la plus proche et le temple qui l'abritait fut détruit. Les ravages de la maladie ont été temporairement atténués, mais un éclair soudain provenant d'un ciel dégagé a non seulement démoli le palais impérial, mais aussi tué les responsables de la profanation du temple. L'image a été rapidement récupérée. Mais les événements se répètent et l'empereur lui-même devient une victime fatale de l'épidémie récurrente. Pour la deuxième fois, l'image a été récupérée et un nouveau temple a été érigé autour d'elle.

1. Shotoku Daishi

Les années 593 et 621 sont celles indiquées pour la véritable acceptation du bouddhisme au Japon. C'était les années de régence de Shotoku Daishi. Il s'agit de son nom posthume (daishi signifie saint ou abbé), puisque son nom de son vivant était Umayado. Elle lui a été donnée parce que sa mère, l'impératrice consort, a accouché prématurément alors qu'elle inspectait les écuries impériales. Législateur et réformateur social, il était également un fervent bouddhiste et l'on pense que l'art de l'arrangement floral japonais est né sous sa régence, lorsqu'il a insisté pour que des fleurs soient placées devant son image de Bouddha dans son sanctuaire privé. C'est au cours de cette période que le Japon a reçu son nom. Auparavant, il s'agissait d'un territoire vaguement défini dans et autour de la mer intérieure, d'Izumo et de Yamato ; il a pris le nom de cette dernière province. Mais à mesure que le contrôle de la cour s'est accru, l'intérêt pour le bouddhisme s'est également accru, et les deux se sont accompagnés d'un flux d'apprentissage en provenance du continent asiatique. Le terme jih-pen en chinois signifie "source du soleil" et les Chinois ont donné ce nom à la terre située à l'est.

Les mots Nippon et Japon sont dérivés du chinois original Jih-pen. Dai Nippon (Grand Japon) n'a pas la même signification qu'en Grande- Bretagne, où le mot "Great" était utilisé pour la différencier de la Bretagne. Dai Nippon est l'expression du sentiment que les Japonais éprouvent pour leur pays.

1. LA PÉRIODE FUJIWARA

L'un des temples les plus célèbres construits par Shotoku Daishi se trouve à Nara, où la première capitale a été bâtie. La période Nara a duré de 710 à 784. La période suivante a duré plus longtemps, de 784 à 1192. C'était la période Fujiwara. La capitale a été déplacée à l'actuelle Kyoto dix ans après la prise de pouvoir par le clan Fujiwara. À cette époque, ils ont reçu leur nom et se sont mariés dans la famille impériale.

Parmi les assistants de Ninigi lorsqu'il est arrivé à Kyushu, il y avait un certain Ama-tsu-Koyane. Il s'est marié, a eu des enfants et, au fil du temps, la famille est devenue détentrice héréditaire du titre de grand prêtre de l'Empire.

Au VIIe siècle, l'un d'entre eux prend le nom de Fujiwara, devenant par la même occasion le premier ministre de l'État. L'emprise civile et religieuse devient absolue.

La première charge et influence religieuse a été shintoïste et non bouddhiste. Fujiwara signifie "champ de glycines" et les armoiries de la famille, qui existent toujours, sont un autre exemple de l'utilisation des fleurs dans l'héraldique japonaise.

Pendant trois siècles, les Fujiwara ont régné non seulement à la cour, mais aussi dans tout le pays. Elle a été décrite comme une ère de paix et d'achèvement. Les arts visuels et la littérature ont été couverts et les écritures katagana et hiragana ont été inventées. Les deux écritures sont des types de caractères phonétiques, utilisés pour étendre le système d'écriture chinois existant.

Mais les longues années de la vie de la cour ont laissé des traces et les Fujiwara ont commencé à montrer des signes de décrépitude. Comme ils détenaient toutes les fonctions civiles, les guerriers venaient d'autres familles. Ces différents clans ont assuré la sécurité des frontières et, au fil du temps, sont devenus non seulement méprisants envers les Fujiwara civils et leurs serviteurs, mais aussi de plus en plus habiles dans l'art de la guerre. Parmi les grandes familles et clans combattants, il y en avait deux d'une importance exceptionnelle : les Taira et les Minamoto.

1. LE FIEF DES TAIRA ET DES MINAMOTO

La politique de cette époque troublée n'est pas particulièrement inquiétante en ce qui concerne la mythologie. Mais le déclin des Fujiwara et les luttes de pouvoir entre les clans Taira et Minamoto sont... Ces luttes ont été la source de nombreux mythes, ballades, légendes et même de thèmes de pièces de théâtre. Les guerres entre les deux factions ont duré trente ans et ont souvent été comparées aux guerres des Roses.

Le drapeau de Taira était rouge et celui de Minamoto était blanc.

Les dates s'échelonnent de 1156 à 1185 et le conflit est parfois appelé la guerre de Gempei (Gempei est une combinaison des noms, en caractères, des deux camps opposés).

Mais même si je ne décrirai pas en détail la politique de l'époque, il faut garder une chose à l'esprit : quelle que soit la personne qui occupait la fonction d'empereur, la loyauté envers la monarchie en tant que telle était absolue des deux côtés.

La plupart des informations sur cette période proviennent d'un récit épique, le Heike Monogatari. Les Minamoto et les Taira sont désignés ici et ailleurs comme Genji et Heike. Pour éviter toute confusion, les Genji seront désignés par leur autre nom de Minamoto et les Heike par celui de clan Taira.

1. Yoshi-iye

Yoshi-iye était l'un des premiers héros de Minamoto. Il atteint sa virilité par une cérémonie dans un sanctuaire dédié à Hachiman, le dieu de la guerre, et lui et l'empereur Ojin, désormais déifié, deviennent les maîtres du clan Minamoto et de tous les guerriers.

Les colombes blanches sont associées à Hachiman (comme elles le sont à Yamamoto Date) et leur apparition était toujours de bon augure pour les Minamoto lors des batailles du 11e siècle.

Yoshi-iye, comme Yamamoto Date avant lui, a mené des expéditions contre les tribus Ainu. Lors d'une de ces expéditions, ses soldats ont beaucoup souffert de la chaleur et de la soif. Yoshi-iye pria Hachiman, puis perça un rocher d'un puissant coup d'arc, et l'eau jaillit en une fontaine qui ne tarit jamais.

1. Kiyomori

Le guerrier Taira le plus célèbre était Kiyomori, chef du clan de 1118 à 1181. Il est le héros du Heike Monogatari et meurt quatre ans avant la bataille de Dannoura en avril 1185.

Il existe de nombreuses histoires à son sujet : c'était un homme lubrique et l'amant de son rival Minamoto, Yoshitomo, a été contraint de se soumettre à lui pour sauver la vie de son enfant, Yoshitsune. Contre son gré, Kiyomori a plus tard épargné la vie de Yoshitsune et de ses deux frères, dont Yoritomo. Yoritomo a vaincu les Taira dans la bataille navale de Dannoura. Kiyomori, à l'apogée de son pouvoir, a épousé la fille de l'empereur et leur enfant est devenu le jeune empereur qui est mort dans cette bataille décisive.

Benten, une déesse de la mer, apparaîtra à nouveau. Mais maintenant, il nous donne une histoire sur Kiyomori. Jeune homme, il a vu un petit bateau à la voile écarlate scintiller dans la mer au large de l'île de Miyajima, dans la mer intérieure. À bord se trouvaient trois femmes de conte de fées qui se sont avérées être Benten et ses deux sœurs. Benten a promis à Kiyomori beaucoup de gloire si elle agrandissait son temple à Miyajima. Il l'a fait par ambition plutôt que par dévotion, et sa prophétie s'est réalisée. Le drapeau écarlate des Taira dérive de la rencontre maritime de Kiyomori avec Benten.

1. Tametomo et Yoshitsune

Tametomo était l'oncle de Yoshitsune, tous deux de la famille Minamoto. Ils sont devenus des héros légendaires, bien que Yoshitsune soit l'aîné des deux. Tametomo a fui la capitale alors qu'il n'avait que 14 ans, à l'époque où les Fujiwara et les militaires tentaient de se renverser mutuellement. C'était un guerrier et un chef, habile dans l'utilisation de l'arc. Il a combattu avec son père en 1157 et a été exilé après la mort de son père. Son dernier grand exploit fut de couler un navire Taira d'une seule flèche, après quoi il se suicida, mourant en héros. D'autres actes héroïques lui ont été attribués, et on dit qu'il s'est rendu dans les îles Loochoo et y a fondé une dynastie royale. Les histoires de ce genre sont si populaires que l'on croit généralement qu'il fut le premier roi des Loochoos. Les exploits de

Yoshitsune sont nombreux et son nom et celui de son serviteur, Benkei, résonnent à travers les années. Nombre de leurs aventures ont été relatées dans des pièces de théâtre nô. Ils étaient tous deux des aventuriers du 12ème siècle et ont été victorieux sur les Taira. Les légendes sur Yoshitsune, comme sur son oncle, s'étendent au-delà de l'époque de sa mort connue. L'histoire raconte qu'après sa mort, causée par la jalousie de son frère aîné, au lieu de mourir, il se rendit à Yezo (l'actuel Hokkaido) et devint Gengis Khan.

1. Bataille de Dannoura

La dernière bataille entre les Taira et les Minamoto fut la bataille de Dannoura dans le détroit de Shimonoseki. Yoshitsune en fut l'un des héros et son frère, Yoritomo, le vainqueur.

Mais les Taira ont fait preuve d'une extrême bravoure : nombre d'entre eux ont préféré se suicider plutôt que de se soumettre à la défaite. La mère du petit empereur, Antoku, fille de Kiyomori, était parmi eux, sautant d'un navire Taira avec son enfant dans les bras, confiante dans la miséricorde des dieux et déesses de la mer.

Au même moment, l'épée sacrée a été perdue.

Malcolm Kennedy, dans "A Short History of Japan", affirme que le reste de l'insigne impérial a été récupéré plus tard.

Les petits crabes, appelés crabes Heike (Taira), sont originaires de cette partie de la mer intérieure. Leur coquille présente des entailles qui ressemblent à un visage humain froncé. Ces crabes sont censés contenir les esprits des Taira noyés.

Yoritomo, le frère aîné de Yoshitsune, a ensuite établi son quartier général à Kamakura. Il devient le premier shogun et le véritable pouvoir au Japon doit rester à Kamakura, ou plus tard sous le shogunat

Ashikaga à Kyoto, jusqu'à ce que la capitale soit déplacée à Yedo en 1590. Le tribunal a déménagé à Kyoto en 1868, date à laquelle le nom a été changé en Tokyo. Les shoguns ont régné à Yedo à partir de la fin du XVIe siècle.

La force de la famille est à nouveau illustrée par l'ascension de la famille Hojo. Hojo Tokimasa et son fils, Yoshitoki, étaient respectivement le beau-père et le beau-frère de Yoritomo. Ils ont pris le pouvoir peu après sa mort et leur famille a régné en tant que shoguns jusqu'en 1333. C'est en 1281 que Kubla Khan a envoyé une armée d'invasion au Japon.L'histoirenediffèrepas beaucoupdecelledel'Armada espagnole. Les quelques Mongols qui parviennent à débarquer sont rapidement vaincus ; leur flotte est détruite par un grand vent que l'on

croit d'origine divine.

À cette époque, le modèle social était devenu, sous la cour impériale et le shogunat, un système de daimyos ou gouverneurs, de seigneurs féodaux et de samouraïs, leurs serviteurs. Le reste de la population ne participe ni aux affaires politiques ni aux affaires militaires. Des in-surrections suivies de périodes de paix caractérisent le Moyen Âge. Pendant le shogunat Ashikaga (1338-1573), les troubles civils étaient entrecoupés de périodes de luxe et de culture.

Les pièces de théâtre nô ont été largement écrites à cette époque et les arts de l'arrangement floral et de la cérémonie du thé ont été développés. Les célèbres pavillons d'or et d'argent (le Kinkakuji et le Ginkakuji) ont été construits à Kyoto comme résidences pour les shoguns.

1. DE TOYOTOMI HIDEYOSHI AU SHOGUNAT TOKUGAWA

Une autre période de lutte entre les clans pour le pouvoir et le gain territorial a duré de 1573 à 1603. Oda Nobunaga (1534-1582) a vaincu les derniers shoguns Ashikaga (qui avaient des ancêtres Minamoto) et des chefs mineurs dans la région de Kyoto. Il fut assassiné par l'un de ses généraux, ce qui permit à Toyotomi Hideyoshi de devenir toutpuissant.

Ce grand guerrier et patriote a souvent été appelé le Napoléon du Japon.

Il est le seul Japonais avant le 20e siècle à avoir atteint une grande puissance à partir de débuts modestes.

Il devient samouraï et tue l'assassin déloyal de Nobunaga onze jours après le meurtre de son maître.

Nombreux furent les exploits ultérieurs de Hideyoshi.

Il ne se contente pas de réprimer les révoltes dans les îles du sud, mais soumet Sendai dans le nord de Honshu. Son empereur l'a nommé commandant en chef et régent, et moins d'une décennie après la mort de Nobunaga, le Japon est devenu non seulement unifié, mais aussi détenteur d'un nouveau régime fiscal qui a conduit à la fin de l'ancien système féodal.

Durant sa vie, Hideyoshi a persécuté les bouddhistes et les chrétiens dans le but d'obtenir un pouvoir politique total. Les premiers martyrs chrétiens du Japon, vingt chrétiens japonais et six prêtres franciscains, ont été crucifiés à Kyushu en 1597. Il voulait également conquérir la Chine, mais la Corée a refusé de participer et Hideyoshi a mené une expédition dans ce pays. Elle s'est avérée infructueuse. Il meurt avant que les troupes japonaises ne se retirent, confiant son fils de cinq ans, Hideyori, aux soins de ses généraux, dont Leyasu Tokugawa. Si les exploits les plus puissants de Hideyoshi à la fin de sa vie ont été les plus improductifs, il ne fait aucun doute qu'il a jeté les bases du Japon moderne.

Nobunaga avait deux fils et prévoyait de fonder une lignée dynastique. Son fidèle disciple, Hideyoshi, a mis ces plans de côté. C'était la même chose avec le jeune fils de Hideyoshi.

Hideyori a été confié aux soins de Leyasu, mais malgré toute sa loyauté, il s'est lui aussi comporté comme Hideyoshi avec les fils de son patron. La mort de Hideyoshi a été suivie par le shogunat Tokugawa. Leyasu Tokugawa, qui remonte à Yoritomo Minamoto, vainqueur de la bataille de Dannoura et premier shogun, prend le pouvoir. Après avoir réprimé les rebelles, il est devenu shogun en 1603 et sa famille a conservé le pouvoir à Yedo jusqu'en 1867.

Une fleur est également utilisée comme blason familial. Elle se compose de trois feuilles de mauve, dont les extrémités pointues sont tournées vers l'intérieur, formant ainsi un cercle.

1. L'ISOLEMENT DU JAPON

Le christianisme a été introduit au Japon en 1549 par saint François Xavier, après que le pays ait été mis en contact avec l'Occident d'abord par Marco Polo, puis, en 1542, par des marins explorateurs portugais. Le troisième shogun Tokugawa extermine le christianisme en 1624 et ferme le pays à toute activité étrangère (seuls quelques commerçants néerlandais et chinois sont autorisés à entrer à Nagasaki).

C'est ainsi qu'ont commencé 200 ans d'isolement.

Le théâtre Kabuki a été fondé au XVIIe siècle et tous les arts, de l'arrangement floral à la fabrication de paravents, ont prospéré.

En 1702, la classe des samouraïs et leur éthique étaient fermement établies depuis plusieurs siècles. C'est l'année où deux daimyo en conflit ont donné aux futurs dramaturges et conteurs les quarante-sept Ronin. Ronin signifie "homme des vagues" : quelqu'un ballotté comme une vague. Ils étaient en fait des samouraïs, et après que le daimyo qu'ils servaient ait été insulté puis se soit honorablement suicidé, ils se sont dispersés et ont été contraints de devenir des ronin. Il s'agissait de personnes réelles et l'emplacement de leurs tombes est bien connu. Leurs actions pour venger la mort de leur maître sont entrées dans la légende. Je vous raconterai leur histoire plus en détail plus tard.

1. LA RÉOUVERTURE

L'année 1853 met fin à ce long isolement du monde extérieur grâce au Commodore Perry et à son escadron naval américain. Les puissances occidentales étaient incapables de négocier des facilités commerciales, des ancrages dans les ports japonais ou la sécurité des naufragés au large du Japon jusqu'à ce que ce commodore américain et ses "navires noirs" arrivent à Uraga. L'année suivante, un traité commercial est conclu avec les États-Unis d'Amérique, suivi de traités avec d'autres puissances et de l'ouverture de Yokohama au commerce extérieur.

En 1860, les premiers envoyés diplomatiques japonais sont partis à l'étranger. La même année, un avis est apparu près des sanctuaires Tokugawa à Nikko.

Il est daté de juillet 1860 et se lit comme suit : "Aux Tengu et autres démons. Alors que notre shogun a l'intention de visiter le Mausolée de Nikko en avril prochain, vous, les Tengu et les autres démons qui habitent ces montagnes, devez maintenant vous déplacer ailleurs jusqu'à ce que la visite du shogun soit terminée." _Mizuno, Seigneur de Dewa. Les créatures mythiques tengu apparaîtront dans d'autres chapitres, mais y croire était un fait historique officiel il y a seulement un peu plus d'un siècle. En 1867, le 15e shogun Tokugawa démissionne.

L'année suivante, l'autorité suprême est rendue à l'empereur. Cela a marqué la fin du féodalisme. L'empereur Meiji est monté sur le trône un an avant la Restauration, à l'âge de 18 ans. Il meurt en 1912, époque à laquelle le Japon, non sans difficultés internes, devient une nation moderne et est en passe de devenir une grande puissance. Elle s'est dotée d'une nouvelle constitution, rédigée en 1889 par le premier ministre, le prince Ito, avec des conseillers étrangers. Elle a vaincu la Chine et la Russie. La Corée fait partie de son empire et, à la suite de l'alliance anglo-japonaise de 1902, le Japon rejoint les Alliés lors de la Première Guerre mondiale. Certains noms de personnages et de héros légendaires de l'histoire japonaise sont déjà apparus, d'autres réapparaîtront.

CHAPITRE 3

L ES CROYANCES ET LES DIEUX DU JAPON

Le bouddhisme a eu une influence très importante sur la mythologie japonaise.

Il existe de nombreuses histoires de moines bouddhistes couchant des fantômes, d'hommes se tournant vers la solitude d'un temple bouddhiste par remords.

Le blaireau, un animal qui apparaît à plusieurs reprises dans le folklore japonais, est souvent représenté sous les traits d'un moine bouddhiste.

Mais le shintoïsme, et non le bouddhisme, est la religion indigène.

C'est du shinto que vient l'authentique mythologie japonaise, du Kojiki et du Nihongi.

Lorsque l'empereur Temmu (673-686) a demandé à Hiyeda no Are de mémoriser les "Registres des Anciens", le Kojiki, il a en fait commandé une "histoire des empereurs et des questions d'antiquité". Il souhaitait ainsi éviter que la "vérité exacte" ne soit corrompue à l'avenir et s'assurer que les générations à venir comprendraient pleinement non seulement l'histoire de la création du Japon, mais aussi l'ascendance divine du monarque.

Les annales du Kojiki et du Nihongi sont donc, en plus des principales sources de récits mythologiques, les enregistrements de "la voie des dieux", la signification brève du Shinto.

1. LA STRUCTURE DU SHINTOÏSME

C'est un culte dans lequel la vie de l'esprit après la mort est acceptée, mais qui n'a aucun enseignement moral. Les récompenses et les punitions après la cessation de la vie terrestre ne font pas partie du shintoïsme ancien. Ils sont apparus après l'introduction du bouddhisme.

Une autre différence importante entre les deux est que le shintoïsme ne possède pas d'iconographie propre. Le shintoïsme comprend à la fois le culte de la nature et des ancêtres, mais c'est la vénération de la déesse du soleil, Amaterasu, et de ses parents et descendants qui en est la pierre angulaire.

Les assistants qui ont accompagné "le petit-fils bien-aimé", Ninigi, à Kyushu depuis les plaines célestes sont devenus des prêtres shinto. Le panthéon des dieux et des déesses est fantastique. Huit millions est le chiffre donné, mais d'autres ont été ajoutés au fur et à mesure que les anciens héros étaient déifiés.

Quand Izanagi et Izanami ont été créés, il y avait huit divinités.

Le couple a créé le Japon et dans sa mythologie, le chiffre huit revient sans cesse. Le dragon avec l'épée dans la queue avait huit têtes, et n'en est qu'un exemple. Un exemple d'ajout à la galaxie des dieux est Hachiman, le dieu de la guerre et fils de l'impératrice Jingo, empereur de son vivant, avec le nom Ojin. Tout, que ce soit un animal, une montagne ou un arbre, a un kami : l'histoire de la création explique cette croyance.

Kami a été traduit par une âme, un esprit et une divinité. Une autre traduction possible du mot est "êtres supérieurs". Il s'agit d'une vitalité propre à l'homme et aussi aux choses non mortelles, qui comprennent les plantes et les lacs. La nature, en d'autres termes, est habitée par des kami. Le kami d'une montagne peut être et est souvent une divinité : il peut aussi être le protecteur de ceux qui vivent sur ou près de la montagne.

Le shintoïsme primitif ne prêchant pas de code moral, l'essentiel de l'enseignement reposait sur le principe "suivre les impulsions authentiques de son cœur", associé à l'obéissance à l'empereur.

La loyauté et la piété sont venues plus tard, avec le confucianisme et le bouddhisme au sixième siècle. Cependant, la purification a joué un rôle important.

Izanagi s'est purifié après être revenu de Yomi, le pays des ténèbres, à la poursuite d'Izanami. Sa purification est décrite dans le Nihongi.

L'exorcisme et l'abstention sont les deux autres méthodes de purification et sont tous deux pratiqués par des prêtres.

Le sacerdoce n'est pas lié par les règles du célibat et on peut supposer que beaucoup de ceux qui sont devenus moines dans certaines des légendes racontées ici et ailleurs étaient bouddhistes.

1. Shintoïsme et bouddhisme

On sait qu'il y avait des opposants à l'introduction du bouddhisme, lui aussi vieux de plusieurs milliers d'années lorsqu'il est arrivé au Japon en provenance de l'Inde, via la Chine et la Corée, et qu'il était soutenu par le régent Shotoku Daishi (593-621). En fait, le mot Shinto a été utilisé pour la première fois après l'arrivée du bouddhisme dans le pays, afin de différencier les anciennes croyances des nouvelles. Jusque-là, il n'était pas nécessaire de nommer la "Voie des Dieux". La situation religieuse a été difficile pendant environ deux cents ans, mais en grande partie, mais pas entièrement, grâce à Kobo Daishi (774834), un compromis a été atteint par la doctrine du Ryobu shinto ou "Shinto à deux faces". On parle aussi parfois, de manière descriptive, de "Shinto à deux faces".

Un autre grand prêtre bouddhiste de la même période est Dengyo Daishi (767-822) qui a introduit la secte bouddhiste Tendai dans le pays. Kobo Daishi était le créateur de la secte Shingon.

Le shintoïsme, comme le bouddhisme, a ses sectes.

La chevalerie japonaise, le bushido, a été fortement influencée par le bouddhisme zen. Les shoguns de Kamakura (1185-1392) ont souligné l'importance de la discipline mentale et corporelle.

Dans le chapitre sur les héros, la volonté et la maîtrise de soi du bushido, l'esprit samouraï, seront évidentes. Le shinto Ryobu, comme le bouddhisme zen, a eu une influence sur les mythes et les légendes. Les deux prêtres, Kobo Daishi et Dengyo Daishi, ont donné au bouddhisme un trait nationaliste jusqu'alors absent et ont considéré l'ensemble des dieux et déesses shinto comme des manifestations du panthéon bouddhiste.

Il n'était pas difficile, après cette acceptation, d'identifier Amaterasu avec Dainichi Nyorai, " le Bouddha primordial et éternel ".

Il y avait et il y a encore beaucoup de chevauchement de divinités.

Pendant près de mille ans, il était normal que les prêtres bouddhistes fassent des offices dans les temples shintoïstes, mais les exceptions étaient à Izumo et Ise, où le sanctuaire Amaterasu existe toujours. Sur le plan architectural, la scène a également changé : la simplicité

du sanctuaire shintoïste a été supplantée par les ornements bouddhistes. Cependant, avec la restauration de
1868, les premiers préceptes shintoïstes ont été remis
au goût du jour - l'ascendance divine de

l'empereur était fondamentale - et le shintoïsme "pur"
a ainsi été ravivé et est redevenu la religion nationale,
mais pas la seule.

Les prêtres bouddhistes ont quitté les temples. Les
clochers et autres accessoires non associés au shintoïsme ont été enlevés et une grande partie de la valeur
historique et artistique a sans doute été détruite.

Le bouddhisme n'était en aucun cas supprimé.

Les deux religions se sont séparées, mais l'influence
de l'une sur l'autre dans les différentes sectes subsiste
encore aujourd'hui, et le Ryobu Shinto existe toujours.

1. LES DIEUX BOUDDHISTES

Bodhi Dharma, un moine indien qui a voyagé en Chine,
a lancé le bouddhisme zen. Un jour, alors qu'il pratiquait
la méditation, il s'est endormi. Lorsqu'il s'est réveillé,
il était tellement en colère contre luimême qu'il s'est
coupé les paupières, s'assurant qu'il ne dormirait plus

jamais. De ses paupières ont poussé les premiers plants de thé.

Le thé est sacré pour les bouddhistes zen ; il contient également suffisamment de caféine pour aider les gens à ne pas s'endormir.

Bien que la Bodhi Dharma soit un personnage historique, le mythe rappelle le mythe shinto dans lequel les parties démembrées du corps d'un dieu sont transformées en aliments essentiels à la culture.

Il existe trois divinités bouddhistes distinctes au Japon - Amida, Kannon et Jizo - et elles sont considérées comme des dieux de la miséricorde (il existe également de nombreuses autres divinités, bien que moins connues). Le premier dieu, Amida (Bouddha), a été transmis à la culture japonaise par la Chine. Il est à l'origine dérivé de la figure sanskrite Amitabha, l'Inde étant le berceau du bouddhisme. Amida est un bodhisattva ("un être éclairé") qui a reporté la possibilité d'obtenir son propre salut jusqu'à ce que tous les êtres humains aient été sauvés.

Le second dieu de la miséricorde, Kannon, est un autre bodhisattva dont le désir de protéger l'humanité prend la forme d'un salut différé. Il est le dieu qui protège les enfants (et les femmes pendant l'accouchement). Les bouddhistes japonais se tournent vers Kannon pour obtenir sagesse et conseils. Kannon est généralement représenté sous le nom de Senju Kannon, ou le "Kannon aux mille armes". Kannon est parfois représenté tenant un lotus ou comme une figure à tête de cheval avec un troisième œil. Jizo est le troisième dieu bouddhiste de la miséricorde. Comme Kannon, il protège les enfants, surtout ceux qui sont morts. Le jizo protège également les âmes humaines en souffrance. Les bouddhistes japonais pensent que le Jizo peut racheter les âmes en peine de l'enfer. Les temples honorant le Jizo sont populaires au Japon.

1. Les torii

Pour les non-initiés, le moyen le plus simple de distinguer un temple shintoïste d'un temple bouddhiste est la simplicité du premier et le fait

qu'il possède un torii. Cette entrée sans portail est souvent représentée avec ses deux poteaux verticaux et une imposte simple ou double.

La finalité est une question très débattue.

Ce mot n'est pas sans rappeler celui d'oiseau, ce qui a sans doute donné naissance à l'idée que les torii étaient conçus pour offrir des aires de repos aux oiseaux et aussi pour avertir les dieux de l'arrivée de l'aube.

Mais la raison la plus probable pour expliquer l'existence des torii est qu'ils marquaient l'endroit où ce qui était sacré était enfermé.

1. Tengu e oni

Les tengu sont associés au shintoïsme, les oni au bouddhisme.

Ces créatures mythiques seront décrites dans le chapitre suivant. Les sanctuaires shintos ont souvent des pins et des cryptomérias qui poussent à proximité et ces arbres étaient généralement considérés comme les habitations des tengu.

Parmi les nombreuses histoires sur les oni, ou démons, il en est une qui souligne particulièrement le lien avec le bouddhisme.

Un moine itinérant a rencontré un oni : horrible comme d'habitude en apparence mais, ce qui n'était pas du tout normal, dans un déluge de larmes. Curieux et compatissant, le moine lui demande la raison de sa douleur. L'oni avait été un être humain dans son existence précédente et parce qu'il avait été consumé par des pensées de vengeance envers un ennemi, il s'était transformé en diable à sa mort. Dans cet état, il avait eu tout le loisir de se venger de son ennemi et aussi des descendants de l'homme, car les oni ont une durée de vie bien plus longue que les mortels. L'oni en pleurs venait de tuer le dernier membre de la lignée familiale et ses larmes n'étaient pas dues au regret de la vengeance qu'il avait prise, mais à l'apitoiement sur lui-même parce qu'il devrait vivre le reste de sa vie en tant qu'oni avec le désir de se venger de la famille, qui ne pourrait être satisfait maintenant que la famille n'existe plus.

1. Sanctuaires et malédictions

Les sanctuaires sont parfois associés à des malédictions. Il existe des histoires de personnes qui ont érigé des sanctuaires à la mémoire de personnes malheureuses ou maudites afin d'enfermer leurs esprits et d'empêcher la malédiction de se propager à nouveau.

Dans l'une de ces histoires, un frère et une sœur fuient leurs ennemis, peut-être pendant la longue période de troubles civils du Moyen Âge. Ils se sont cachés dans une grotte et ont été nourris par un bûcheron. Ce protecteur a fait promettre à sa mère qu'elle ne trahirait pas le couple. Elle ne l'a pas fait directement, mais lorsqu'elle a été interrogée par les poursuivants du couple, elle a regardé vers l'endroit où ils se cachaient. Après une recherche intense, ils ont été retrouvés et décapités. La malédiction qui en résulta fut que le cou de la femme se plia et qu'elle ne put plus le garder droit, et que ses descendants souffrirent d'affections oculaires. Un sanctuaire a été construit pour le frère, un autre pour la sœur, et bien que l'on ne sache pas si les problèmes oculaires de l'autre famille ont perduré, l'épidémie qui a suivi ce malheureux incident ne s'est jamais reproduite dans la région.

1. Miroirs

Le miroir dans lequel Amaterasu se regardait se trouvait dans son sanctuaire à Ise, selon l'histoire. Certes, les miroirs ont leur place dans les édifices sacrés, comme celui d'Amaterasu dans l'insigne de l'Ordre du Trésor Sacré.

Il existe deux proverbes qui résument la signification du miroir dans la mythologie. L'un d'eux dit : "Lorsque le miroir est obscurci, l'âme est impure" et l'autre : "De même que l'épée est l'âme d'un samouraï, le miroir est l'âme d'une femme".

Selon le Kojiki, Izanagi a donné à ses fils un miroir en argent très poli et leur a demandé de s'agenouiller devant lui chaque matin et chaque soir et de s'examiner. Il a dit qu'ils devaient dompter leurs passions et leurs pensées mauvaises afin que le miroir ne puisse refléter qu'un esprit pur. Le miroir fait donc partie de l'ancienne tradition japonaise.

Il existe une histoire célèbre connue sous le nom de "miroir de Matsuyama", qui n'a pas une connotation strictement pieuse. Il s'agit d'amour maternel plutôt que d'amour romantique.

Matsuyama, qui signifie pin de montagne, est un lieu et aussi un nom de famille. Il est généralement admis que le miroir Matsuyama fait référence au lieu plutôt qu'au nom de famille où il était situé. Un homme a offert à sa femme un miroir métallique qu'il avait acheté lors d'une visite à Kyoto et sur lequel étaient gravés les symboles de longue vie et d'union conjugale, le pin et une paire de grues.

Les grues sont censées avoir, comme les canards mandarins, un seul partenaire dans la vie.

Sa femme n'a jamais vu son reflet.

Ce couple a eu un fils et une fille, aussi jolie que sa mère et lui ressemblant beaucoup. Lorsque la jeune fille est entrée dans l'adolescence, sa mère est tombée malade et pendant des mois, elle s'est occupée d'elle.

Peu avant sa mort, la femme a donné à sa fille le miroir, soigneusement emballé, en disant que c'était son bien le plus précieux et qu'il réconforterait la fille dans son chagrin. La jeune fille n'a jamais vu le miroir, et lorsqu'elle a ouvert le paquet après la mort de sa mère, elle a cru que son reflet était sa mère, jeune et belle à nouveau. Elle murmura

à la réflexion et, voyant l'animation sur son visage, crut communiquer avec la morte, trouvant ainsi une consolation dans son chagrin.

L'histoire varie d'une version à l'autre.

Dans l'un d'eux, le père s'est remarié et la belle-mère pensait que la fille marmonnait des sorts dans le miroir. Après bien des malentendus, la vérité a été découverte et les trois ont vécu heureux ensemble. Dans un autre cas, le père s'est inquiété des retraits répétés de la jeune fille dans sa chambre pour murmurer dans le miroir ; là encore, lorsque l'explication a été donnée, l'histoire s'est terminée par une sérénité que l'on croyait due à la dévotion de la mère et à l'influence de son miroir.

1. Histoires bouddhistes

2. Le moine célibataire

Une autre histoire concernant un bouddhiste est similaire à celle du phare et de son gardien, puisqu'elle concerne l'ouragan Hira sur le lac Biwa. Un moine célibataire était l'objet d'une passion soudaine et profonde pour une jeune femme. Lui aussi était jeune et la tentation de ressentir son émotion était grande. Pour ne pas avoir à la voir, il lui dit qu'il est un ermite qui vit au pied du mont Hira et que s'il pouvait traverser le lac un certain nombre de fois la nuit avec une baignoire, il céderait à son désir. Le moine pensait clairement que l'exploit était impossible et ne pouvait pas croire qu'elle le tenterait. Cependant, la jeune femme a non seulement tenté, mais réussi à faire le périlleux voyage le nombre de fois nécessaire, jusqu'à la dernière nuit.

Puis une violente tempête a éclaté et elle s'est noyée. Sa passion a été prouvée mais non réalisée et le moine est resté célibataire. La tempête faisait encore rage au moment de sa mort, tant ses désirs étaient grands.

1. Le fantôme d'O-Sono

O-Sono était la fille d'un riche marchand de province. Son père l'a envoyée dans la capitale, qui était alors Kyoto, pour y apprendre des techniques gracieuses telles que la cérémonie du thé et l'art floral (ikebana).

Après le retour de son père, elle a épousé le fils d'un ami de la famille, qui était également dans les affaires. Le couple a eu un enfant, un fils, mais le mariage a été de courte durée car après quatre ans, O- Sono est décédé. Peu de temps après sa mort, son fils a dit avoir vu sa mère dans sa chambre. D'autres membres de la famille ont également vu le fantôme de la femme morte, qui regardait toujours le tansu, une commode contenant ses vêtements. Sa belle-mère a suggéré de porter ses vêtements et ses affaires au temple local, car si l'esprit d'O-Sono en profitait encore, il valait mieux le faire dans un lieu sacré. Cela a été fait, mais le fantôme est toujours apparu. Plus tard, le prêtre du temple - un bouddhiste zen selon Hearn - s'est rendu chez eux, toujours à l'instigation de la belle-mère d'O-Sono. Il est resté seul dans la chambre et le fantôme est dûment apparu et a fixé le tansu. Il a ouvert chaque tiroir tour à tour, mais ils étaient tous vides. Cependant, le fantôme d'O- Sono regardait tristement les meubles. Puis le moine prit du papier dans les tiroirs et dans le dernier tiroir, il trouva une lettre adressée à O-Sono avec son nom de jeune fille. Elle acquiesça et s'inclina en signe de remerciement lorsqu'il lui dit qu'il l'apporterait au temple et le brûlerait là- bas, et que personne ne devrait le lire, sauf lui-même. C'était une lettre d'amour qu'O-Sono avait reçue alors qu'il terminait ses études à Kyoto. Son contenu n'a jamais été révélé à quiconque. Le fantôme d'O-Sono n'est jamais réapparu.

1. La cloche de Mugen

Dans l'un de ses ouvrages, Kwaidan, publié en 1904, Lafcadio Hearn fait remonter la légende de la cloche Mugen à huit siècles. Il n'était et n'est pas rare que des miroirs en bronze soient donnés aux temples pour fabriquer des cloches ou des images. Hearn raconte qu'il a vu une collection de miroirs de ce type qui a été donnée afin de pouvoir couler une statue en bronze d'Amida. À Mugenyama, à l'époque où Hearn écrivait, une collection similaire de miroirs a été réalisée pour une cloche de temple.

Une femme a fait cadeau de son miroir, qu'elle a hérité de sa mère. En plus d'être un héritage familial, le miroir était important pour la femme en raison du design des emblèmes de porte-bonheur gravés au dos : le pin, le bambou et la prune. Elle regrettait de l'avoir donné et craignait que la vérité du proverbe du miroir ne soit l'âme d'une femme. Lorsque le moment est venu de faire fondre la grande cloche, le miroir offert par la femme n'a pas fondu. Comme les villageois savaient qui l'avait donné, sa honte était grande. Son cœur s'est révélé à tous aussi dur, aussi dur que le métal de son don. Il a donné son héritage à contrecœur et, de plus, il a regretté de l'avoir donné. Pas étonnant que le métal soit resté solide alors que les autres miroirs, donnés avec un esprit différent, ont fondu sous la chaleur.

Finalement, sa rancœur, qui grandissait en elle comme un cancer, devint si envahissante qu'elle se tua de colère, laissant une note indiquant qu'après sa mort, le miroir qu'elle avait donné fondrait et qu'une grande richesse viendrait à quiconque parviendrait à briser la cloche qui incorporait le métal. Cette note était une malédiction et l'esprit de la femme était vengeur. Après avoir été fondue, la cloche était frappée par ceux qui tentaient de la briser et d'obtenir la richesse promise. Le tintement incessant de la cloche et le bruit étrange qui s'ensuivit poussèrent finalement les prêtres à faire rouler la cloche du temple en bas de la colline et à la pousser dans le marais au fond, où elle gît immobile, ne laissant derrière elle que la légende.

1. Kobo Daishi

Bien que Dengyo Daishi ait joué un rôle important en ouvrant la voie au Shinto Ryobu, il existe peu de légendes à son sujet.

On sait qu'il s'est rendu en Chine et y a séjourné longtemps, emportant avec lui les principes de la secte Tendai. De son contemporain, Kobo Daishi, les légendes sont innombrables.

L'un d'eux concerne un bosquet de châtaigniers, qui portent des fruits plus tôt que d'habitude. On raconte qu'un prêtre itinérant promit un jour aux enfants qui ne pouvaient pas grimper aux arbres qui poussaient là à l'époque des châtaigniers qu'ils pourraient cueillir des noix l'année suivante. À partir de ce moment-là, les arbres de la région ont porté des fruits avant d'avoir atteint leur taille maximale. On pense que le prêtre de l'histoire est Kobo Daishi.

Près du lac Hakone, il y a une statue de Jizo, le gardien bouddhiste des âmes des enfants morts, même s'il prend soin des autres, sculptée dans la lave basaltique grise locale. On pense que l'image a plus de mille ans et on suppose que Kobo Daishi l'a sculptée en une seule nuit. Il a également rencontré des créatures de l'autre monde. On dit qu'il a été forcé

d'endurer des visites d'esprits maléfiques pendant sa formation au sacerdoce. Plus tard, des dragons et des monstres marins l'ont dérangé pendant qu'il méditait. Il a réussi à les repousser dans leurs eaux en récitant des mots mystiques et même en leur crachant dessus. Ce n'est pas une salive ordinaire qui l'a aidé à se débarrasser de leur présence : la lumière de l'étoile du soir était entrée magiquement dans sa bouche et le crachat était le rayon qu'il émettait en direction des créatures. Il a construit un temple pour commémorer la fin de ces visites des êtres de la mer, mais même ainsi, il était hanté par d'autres esprits maléfiques.

Enfin, il a entouré le nouveau temple de signes sacrés et le bâtiment n'a plus été troublé par les tourmenteurs du monde des esprits.

Il était connu comme sculpteur et voyageur et, bien sûr, aussi comme prédicateur et faiseur de miracles. Il était également peintre, et on lui attribue la calligraphie connue sous le nom de Hiragana.

Il est né à Shikoku, les mains croisées en prière.

Un renard a essayé de le piéger sur son île natale alors qu'il y prêchait et c'est pourquoi on dit qu'il a chassé tous les renards de Shikoku.

On dit encore que dans les endroits du Japon où il n'y a pas de moustiques, Kobo Daishi les a bannis en remerciement perpétuel de l'hospitalité qu'il y a reçue.

Kobo Daishi voyageait constamment, souvent déguisé en mendiant errant, et l'hospitalité a dû jouer un rôle important dans sa vie.

À de nombreuses reprises, on dit qu'il a récompensé les généreux et puni les cupides.

On dit qu'il a remercié une vieille femme qui lui donnait de l'eau, alors qu'il en avait peu, en faisant tomber son bâton sur le sol et en créant une fontaine près de sa maison.

Ce n'est qu'un exemple de ses miracles.

Lors d'un autre de ses voyages, un villageois a refusé de lui donner des pommes de terre, sous prétexte qu'elles seraient trop difficiles à offrir à un invité. Kobo Daishi a répondu que si c'est effectivement le cas, il devrait en être ainsi pour toujours. La récolte de pommes de terre de l'homme était désormais immangeable car les pommes de terre ne ramollissaient pas une fois bouillies. Selon une autre légende, il a un jour lavé ses vêtements dans une rivière. Comme cela arrivait souvent, il était habillé comme un mendiant ambulant et les villageois ne l'ont pas reconnu comme le prédicateur qu'il était. Ils se sont moqués de lui, sans doute pour avoir pollué leur rivière. Il a quitté ce village et s'est rendu dans une autre rivière proche où il a lavé ses vêtements et n'a reçu aucune critique locale.

La première rivière s'assèche toujours en été et la seconde coule toute l'année. On pense également qu'aucun décès par noyade n'est survenu dans cette dernière rivière. Tout cela a été attribué aux pouvoirs miraculeux de Kobo Daishi.

Kobo Daishi a vécu jusqu'à l'âge de 60 ans, mais après sa mort, on prétend qu'il est en fait entré dans la tombe pour attendre la venue de Miroku, le Messie bouddhiste - et qu'il attend toujours là, au monastère qu'il a fondé à Koya-san, près de Nara.

1. Nichiren

Nichiren a vécu au treizième siècle et appartenait à l'origine à la secte bouddhiste Shingon de Kobo Daishi avant de fonder la sienne, qui porte son nom (le fameux bouddhisme Nichiren répandu aujourd'hui au Japon ainsi qu'en Italie grâce à l'école Soka Gakkai). En fait, il est devenu acolyte à l'âge de 12 ans et a rejoint la prêtrise alors qu'il était encore un garçon. Mais sa sainteté semble être venue encore plus tôt, car sa mère est tombée enceinte à la suite d'un rêve où le soleil brillait sur une fleur de lotus. Nichiren signifie Lotus du Soleil. L'année de sa naissance est 1222. L'un des miracles de Nichiren est similaire à celui de En No Shokaku, car lorsqu'il a été condamné à mort par le Hojo Tokimune, l'épée du bourreau n'a pas pu le décapiter. Tokimune lui- même a été averti en rêve des terribles conséquences du meurtre de ce saint homme et n'a pas poursuivi la sentence de mort, bien que Nichiren ait été banni sur l'île de Sado pendant trois ans. À la fin de cette période, en 1274, il a été autorisé à se rendre à Kamakura, le siège du gouvernement. Mais peu après, il est allé vivre dans une cabane dans la région montagneuse de Minobu. L'un de ses disciples lui a donné, ainsi qu'à tous les membres de la secte, sa terre dans ce quartier pour toujours, et comme son troupeau grandissait, Nichiren a construit un sanctuaire qui est devenu plus tard le monastère de Minobu. Après sa mort, ses cendres ont été transportées à Minobu.

1. Images dans la mythologie japonaise

De nombreux types d'images occupent une place importante dans la mythologie japonaise, notamment celles qui symbolisent les diverses croyances bouddhistes.

Il existe des histoires d'images qui prennent la forme de leurs adeptes pour les sauver de la mort ou d'une catastrophe.

Dans un village, la statue de Kwannon, la déesse de la miséricorde, aurait sauvé la vie d'une jeune femme de la région. Cette femme avait l'habitude d'adorer Kwannon régulièrement chaque nuit. Son mari était jaloux de ce pèlerinage nocturne car il n'appréciait pas qu'elle quitte leur foyer pour se rendre au sanctuaire et commença, au fil du temps, à imaginer une mission très différente. Un soir, il se cacha sur la route près de leur maison et lorsque sa femme revint, il la frappa sauvagement avec son épée. Lorsqu'il est rentré chez lui, il a été très surpris de la trouver en train de l'attendre. Elle lui a dit qu'elle avait eu froid en rentrant chez elle, mais n'a fait aucune autre allusion à l'agression dont elle a été victime. Le mari a passé une nuit agitée, se demandant qui avait été sa victime, et le lendemain matin, il s'est rendu à l'endroit où il avait attendu la nuit précédente. Il a trouvé des taches de sang allant du bord de la route au sanctuaire, et sur l'épaule de Kwannon, il a vu une profonde coupure, juste à l'endroit où il avait cru avoir blessé sa femme. L'homme irascible aurait avoué son acte. Ses supplications constantes à la déesse de la miséricorde suggèrent qu'il n'aurait jamais pu être un bon mari.

L'une des images de Jizo, la divinité protectrice des voyageurs, des femmes enceintes et des enfants, porte une cicatrice sur le visage, probablement due à une blessure qu'il a reçue lorsqu'il a pris la forme d'un garçon sur le point d'être attaqué. Dans l'autre monde, une créature ressemblant à une sorcière est censée voler les vêtements des enfants et les inciter à empiler sans fin des pierres sur les rives du Styx bouddhique. Les images de Jizo sont souvent entourées de cailloux pour tenter d'alléger les souffrances de ces enfants malheureux.

C'est près de Kamakura que Nichiren a échappé à la décapitation. Dans cette ville, parmi un grand nombre de temples et de mausolées, dont celui de Yoritomo, le premier shogun qui en fit sa capitale, se trouvent le temple Hachiman, le temple Kwannon et l'immense Bouddha

de bronze connu sous le nom de Daibutsu. On raconte que lorsque Yoshitsune s'est enfuie vers le nord pour échapper à son demifrère aîné Yoritomo, son amant a été emmené à Kamakura pour être interrogé sur sa localisation et a été forcé de danser au temple Hachiman pour le divertissement de Yoritomo. L'image de la déesse de la miséricorde dans le sanctuaire de Kamakura aurait été créée en 736 et aurait été sculptée au milieu d'un camphrier.

On raconte que lorsque la statue de Kamakura a été fabriquée, elle a été jetée à la mer avec la prière que le monde soit racheté du péché à l'endroit où elle flottait sur le rivage. Cet endroit est situé sur l'une des plages de Kamakura où Yoritomo aurait pratiqué le tir à l'arc des siècles plus tard. C'est près du temple Kwannon que Yoshisada, en 1333, a jeté son épée dans la mer, un incident décrit dans un chapitre ultérieur, et il semblerait que le temple était déjà là à cette époque.

1. Le Daibutsu

Parmi les sites sacrés de Kamakura, le Daibutsu est celui qui est le plus souvent représenté : ses photographies figurent encore dans des publicités de voyage. Il a une circonférence de 30 mètres à sa base et mesure environ 15 mètres de haut. Elle est en bronze et a été coulée en 1252 : Yoshisada a sûrement dû la voir. À l'origine, la statue se trouvait dans un bâtiment en bois, mais celui-ci a été détruit par une violente tempête en 1369. Le Bouddha est resté intact, comme il l'était en 1494, lorsqu'un raz-de-marée a emporté la structure reconstruite qui l'entourait. Depuis lors, la statue est restée sereinement exposée aux éléments et a survécu à la violence de la mer et du tremblement de terre. On suppose que Yoritomo voulait avoir une immense image de Bouddha à Kamakura (la capitale de l'époque) lorsqu'il a participé à une cérémonie de consécration d'une image de Bouddha à Nara. Il est mort avant que l'artiste, Ono Goroemon, ne termine l'œuvre à Kamakura. Les piliers en bois d'origine qui soutenaient le bâtiment autour de la statue ont disparu, mais certaines de leurs bases en pierre sont restées. Le Daibutsu a miraculeusement survécu aux années, tout comme l'image de Bouddha apportée de Corée en 552 a survécu deux fois dans la rivière. Les tempêtes de 1369 et 1494 sont

des événements historiques, mais il existe une histoire légendaire sur la préservation du Daibutsu. Peu après que le Daibutsu ait été placé à Kamakura, la nouvelle de son immensité est parvenue à une baleine vivant dans la mer au nord. Elle était incrédule : rien ne pouvait être plus grand qu'elle. Cependant, des histoires parviennent à la baleine, de la part de pêcheurs et de poissons, sur la renommée de la statue et les nombreux pèlerins qui la visitent. L'incrédulité de la baleine s'est transformée en curiosité et en jalousie, et un requin amical envers la baleine a proposé de nager vers le sud et d'obtenir des mesures de l'image. Cela a été difficile pour le requin, mais en demandant l'aide d'une souris sur le point de débarquer d'un bateau de pêche, il a pu donner à la baleine la taille exacte de la base du Daibutsu. La souris a couru autour de l'image, en comptant ses pas. Il a fallu cinq mille pas pour compléter le cercle. La baleine, recevant cette information, a mis des bottes magiques afin de pouvoir voir la statue elle-même : nul doute que ses intentions étaient malignes. Grâce à ces aides magiques, une fois arrivé sur la plage, il a pu marcher jusqu'au bâtiment où se trouvait alors le Bouddha, mais en raison de sa grande taille, il n'a pas pu atteindre l'intérieur et voir la statue par lui-même. Cependant, un moine est sorti et, avec moins de surprise que d'habitude, a demandé à la baleine ce qu'elle faisait là. La baleine a demandé à connaître la hauteur de la statue. Alors Daibutsu descendit du piédestal et fut aussi surpris que la baleine de rencontrer, face à face, un être de taille et de corpulence similaires. La statue accepta que ses mesures soient prises par le prêtre, qui utilisa son chapelet à cette fin. Le Daibutsu s'est avéré être 5 cm plus court et plus mince que la baleine. La fierté de la baleine a été satisfaite, l'image a agi pacifiquement et le moine a été satisfait de toute l'expérience. La baleine est retournée chez elle au nord et le Daibutsu a repris sa position assise de calme bienveillant, où il est resté jusqu'à ce jour. On dit que les images de Bouddha gémissent si elles sont volées : à part la conversation avec la baleine, Daibutsu a toujours été muet. F. Hadfield Davis avance la théorie selon laquelle la légende est née du fait que le Bouddha gigantesque ne correspond pas aux formes d'art habituelles au Japon : les métallurgistes, les sculpteurs sur bois et sur ivoire et les laqueurs sont des maîtres de l'art miniature.

1. Les sept dieux de la fortune

Les sept dieux de la chance ou de la bonne fortune sont très populaires parmi les Japonais.

Jurojin est le dieu de la longévité. Il est toujours représenté en compagnie d'une grue, d'une tortue ou d'un cerf, chacun représentant une vieillesse heureuse. Il a une barbe blanche et porte généralement un

shaku, un bâton sacré auquel est attaché un parchemin contenant la sagesse du monde. Jurojin aime aussi le saké, mais avec modération. Il n'est jamais un ivrogne.

Hotei est bouddhiste. Son signe distinctif est un énorme estomac, sous lequel ses robes tombent. Cela ne symbolise pas la cupidité. Au contraire, c'est un symbole de bonheur et de bonne nature et l'on pense que l'abdomen proéminent est un symbole de la grande âme de Hotei. Il a des ressources intérieures, typiques de celui qui a réussi à acquérir la sérénité par la sagesse bouddhiste.

Daikoku est le dieu de la richesse. Il est aussi le gardien des paysans et c'est un dieu bon vivant et joyeux. Il porte une masse qui peut exaucer les souhaits des mortels et est assis sur une paire de balles de riz, avec son trésor non végétal jeté sur son dos dans un sac. On voit parfois des souris manger du riz au fond de ses balles : la bonne humeur et la richesse de Daikoku sont telles que cela ne le dérange pas du tout.

Bishamon est parfois considéré comme le dieu de la richesse, mais il s'agit du bouddhisme chinois. Les Japonais l'ont inclus dans le groupe des dieux de la fortune et il est toujours représenté en armure complète, tenant une lance. Mais il n'est pas Hachiman, car dans son autre main il porte, à la manière bouddhiste typique, une pagode miniature. Ces deux objets montrent qu'il entend combiner le zèle missionnaire et les attributs guerriers.

Ebisu, un autre dieu de la fortune, est un travailleur acharné. L'exemple qu'il donne est celui du travail honnête. Il est le patron des marchands et des pêcheurs, mais seul l'aspect pêche de ses activités est représenté puisqu'il porte une canne à pêche et aussi un tai, la brème.

Enfin, il y a Benten, la seule déesse parmi les sept dieux. Elle apparaît souvent, car les mythes qui l'entourent sont nombreux. Elle est associée à la mer et beaucoup de ses sanctuaires se trouvent au bord de la mer ou sur des îles. Cette association est souvent représentée dans ses images et ses statues, lorsqu'elle chevauche ou est accompagnée d'un serpent de mer ou d'un dragon. Elle représente également le comportement féminin. On pense que son instrument de

musique préféré est le biwa, un instrument à cordes dont la forme rappelle celle d'une mandoline.

CHAPITRE 4

Y OKAI

1. LE TENGU

logiques japonaises et aussi parmi les plus anciennes. Certains disent qu'ils descendent de Susano, le frère d'Amaterasu. Ce sont des divinités mineures, respectées et craintes comme telles, et l'ancienne croyance en elles persiste encore. Ils vivent dans les arbres des zones montagneuses, généralement associés aux pins et aux cryptomérias, et vivent en colonies avec un tengu principal (ou roi) en charge, servi par un messager. En apparence, ils sont mi- oiseaux, mihommes, ailés avec de longs becs ou nez. Les tengu sont parfois de couleur rouge et portent souvent une cape et un petit chapeau noir. Ils sont de bons épéistes et ont un caractère espiègle. Ils sont parfois représentés portant des manteaux faits de plumes et parfois de feuilles. Ils adorent jouer des tours, mais ils n'apprécient pas qu'on se joue d'eux.

Un jeune homme, qui méprisait la croyance au surnaturel, s'est

déguisé en tengu et est monté dans un arbre, où les villageois l'ont vu et l'ont vénéré. Mais il est mort et tout le monde a pensé que c'était la vengeance du tengu qu'il avait incarné.

Dans une autre histoire, un garçon taquinait un tengu en prétendant qu'il pouvait voir les merveilles du ciel en regardant à travers un morceau de bambou creux. Le tengu, submergé par la curiosité, échangea sa cape de paille d'invisibilité contre le bâton du garçon. Le garçon a joué de nombreux tours à sa famille et à ses amis en portant cette cape, mais le tengu qui avait été trompé a exigé sa vengeance et le garçon est tombé dans une rivière glacée, a perdu sa cape magique et a vécu pour apprécier le danger de se moquer du tengu.

1. LES ONI

Les Oni apparaissent souvent dans les vieilles légendes. Ce sont des démons, souvent de taille gigantesque. Ils peuvent être de couleur rose, rouge, bleue ou grise. Ils ont généralement des cornes et parfois trois yeux. Trois orteils et trois doigts sont d'autres caractéristiques distinctives de l'oni. Ils peuvent voler, mais semblent rarement utiliser cette capacité. Bien qu'ils soient parfois des créatures comiques, ils sont généralement cruels et malicieux. Ce ne sont pas des êtres très intelligents. On pense qu'ils sont originaires de Chine et qu'ils sont arrivés au Japon avec la foi bouddhiste. Souvent, comme dans la rencontre d'Issun Boshi avec deux d'entre eux, ils portent une masse et il n'est pas rare qu'ils soient représentés avec une tige de fer hérissée de pointes et vêtus d'un tissu en peau de tigre.

Momotaro et Yoshitsune avec Benkei ont tous deux sauvé des jeunes femmes de la prison des oni.

Il existe une histoire qui illustre bien leur plaisir de la femme humaine et leur manque d'intelligence. Une jeune mariée se rendait dans le village de son futur mari lorsqu'un nuage s'est abattu sur le véhicule et l'a caché. La mère de la mariée s'est immédiatement mise à la recherche de sa fille. Après un voyage solitaire et infructueux, elle est tombée sur un petit temple habité uniquement par une prêtresse, qui lui a fourni un abri pour la nuit. La mère a appris de cette hôtesse que sa fille était prisonnière d'un groupe d'oni dans un château de l'autre côté de la

rivière. Le pont était gardé par deux chiens et pour rejoindre sa fille disparue, elle devait le traverser pendant que les chiens dormaient. Le lendemain matin, la mère de la mariée s'est retrouvée seule dans une plaine ouverte : le temple et la prêtresse étaient surnaturels et avaient complètement disparu. Cependant, comme l'avait décrit la prêtresse, il y avait une rivière, un pont et deux chiens endormis. La femme a traversé le pont et a trouvé sa fille marchant dans la villa de l'autre côté. Malgré les dangers apparents de leur situation, la fille a préparé un repas à sa mère, puis l'a cachée dans un coffre en pierre avant le retour de ses ravisseurs. Mais le chef oni avait fait d'elle sa propriété spéciale et lorsqu'elle rentra chez elle, elle sut qu'il y avait un autre être humain, car il avait dans son jardin une plante magique qui produisait une fleur chaque fois qu'un mortel s'aventurait en territoire oni. La jeune fille a été inspirée de dire qu'elle venait de découvrir qu'elle était enceinte, ce qui doit expliquer la deuxième fleur de la plante. L'explication enchanta tellement l'oni qu'il rassembla ses serviteurs autour de lui et ils festoyèrent jusqu'à l'ivresse. Finalement, l'oni, qui s'est approprié la jeune femme, a exigé qu'il soit mis au lit. Il dormait dans une boîte en bois où la fille l'avait enfermé. Pendant les réjouissances, les chiens de garde ont été tués et la mère et la fille n'ont eu aucun obstacle à leur fuite. Ils se sont rendus dans le bâtiment où se trouvaient divers véhicules et, alors qu'ils se demandaient lequel choisir, la prêtresse qui avait donné refuge à la mère est soudain apparue et leur a conseillé de prendre un bateau et de descendre la rivière. L'oni dans son coffre en bois se réveilla avec une soif induite par son excès de saké, brisa les sept couvercles et demanda à la fille de lui apporter de l'eau. Il réveilla alors ses serviteurs de leur sommeil et ensemble ils titubèrent vers la rivière, pour voir les deux humains prendre le large. Le groupe d'oni se jeta sur la rive et commença à étancher sa soif. Pendant qu'ils buvaient, le niveau de la rivière a baissé et le bateau en fuite a été ramené vers eux. Une fois encore, la prêtresse est apparue et est venue à leur secours. Elle a exhorté la mère et la fille à ouvrir leurs kimonos et à s'exposer aux oni. Comme il n'y avait pas d'autre moyen de s'échapper, ils l'ont fait, tout comme la prêtresse. Le spectacle excita les oni : ils rirent et ricanèrent de joie, au point de cracher l'eau qu'ils avaient bue. C'est ainsi que la rivière s'est à nouveau remplie et que le petit bateau a flotté jusqu'à la sécurité. Avant de disparaître pour la dernière fois, la prêtresse a dit à la mère et à la fille reconnaissantes qu'elle était en fait une statue de pierre et qu'en échange de ses services, elle souhaitait

qu'une autre statue soit placée à ses côtés chaque année. On peut comprendre combien il doit être solitaire d'être une statue. D'une manière ou d'une autre, les deux femmes ont trouvé la prêtresse sous sa forme de pierre et, à partir de ce moment-là, des compagnons similaires ont été placés à ses côtés une fois par an. On ne sait pas si la fille a jamais épousé son époux humain.

Dans une autre histoire, le méchant est une femme oni. Un jeune moine en formation a demandé à son maître la permission d'aller dans les bois pour ramasser des noix, mais il n'a d'abord pas été autorisé à y aller car il savait que des femmes oni se trouvaient à proximité. Cependant, le moine finit par céder aux demandes répétées du jeune homme, affirmant qu'il devait porter trois porte-bonheur qui l'aideraient s'il tombait entre les mains de l'un d'eux.

Le jeune homme a ramassé quelques noix avant d'être attrapé par une vieille femme oni et forcé de passer la nuit chez elle. Le lendemain matin, il a pensé à un moyen de s'échapper. Il a dit à l'oni qu'il avait une douleur et qu'il devait la soulager. L'oni ne voulait pas le lâcher d'une semelle et lui fit plusieurs suggestions quant à l'endroit où il pourrait le faire, mais il insista pour se rendre au bon endroit. Finalement, il a attaché une corde autour de lui et l'a laissé partir, en gardant une prise ferme sur le morceau de corde. Resté seul, le jeune homme se libère et attache la ficelle à une poutre, demandant par la même occasion à l'un des porte-bonheur de répondre pour lui lorsque l'oni l'appellera. Il est descendu par la fenêtre, laissant le sort derrière lui. L'oni fit claquer la corde, mais elle resta fermement attachée à la poutre et le sortilège, couché sur le sol là où le jeune homme l'avait laissé, disait de la voix du jeune homme qu'il n'était pas encore prêt à partir. Cependant, en temps voulu, l'oni a réalisé qu'il s'était échappé et est parti à sa recherche. Elle, en tant qu'oni, était capable de voyager beaucoup plus vite que son captif et l'a rapidement rattrapé. Elle a jeté le second de ses sorts sur le sol, le suppliant de créer un grand monticule de sable. Le monticule est apparu immédiatement et l'oni a eu du mal à l'escalader, laissant à l'homme le temps de parcourir une distance considérable. Mais elle l'a encore rattrapé. Désespéré, il lança son dernier sort par-dessus son épaule, suppliant qu'une rivière large et rapide coule entre lui et son poursuivant. Une fois de plus, sa requête fut accordée et la femme oni fut emportée par le torrent.

L'histoire ne s'arrête pas là.

Le jeune homme a fini par atteindre le temple et le moine a eu pitié de lui. Il a décidé de le sauver, car ils savaient tous deux que l'oni serait implacable dans sa poursuite de l'homme qui avait réussi à lui échapper trois fois. Le moine a caché le jeune homme dans une grande boîte, qu'il a ensuite soulevée jusqu'au plafond. L'oni est arrivé et a exigé sa victime. Les refus étaient vains et après une longue discussion, le moine a dit qu'il ouvrirait la boîte si elle faisait exactement ce qu'il demandait. Elle a accepté. Il lui ordonna de devenir grande, mais lorsqu'elle fut presque capable d'atteindre la boîte, il annula son ordre et lui dit de devenir petite. Il l'a laissée devenir de plus en plus petite jusqu'à ce qu'elle ait la taille d'un haricot. Puis il l'a rapidement ramassé, l'a enveloppé dans un morceau d'algue séchée et l'a mangé. Ce n'est qu'alors qu'il a abaissé la boîte et laissé sortir son élève. Après un certain temps, le moine a dû déféquer. À son grand malaise, le moine a croisé un essaim de mouches. L'oni avait été transformée en ces insectes et elle n'a jamais réussi à retrouver son ancienne apparence.

1. KAPPA

Le kappa est une créature plus intelligente que l'oni et n'est pas entièrement malveillant, car il peut être apaisé par les humains et est connu pour transmettre certaines capacités, notamment la fixation des os, aux humains.

Certains pensent que le kappa est d'origine Ainu, d'autres qu'il descend du singe messager du dieu de la rivière.

Les kappas ressemblent à des singes, mais n'ont pas de fourrure. Parfois, ils ont des écailles de poisson ou des carapaces de tortue à la place de la peau. Ils ont à peu près la même taille qu'un enfant de dix ans, sont de couleur jaune-vert et présentent une échancrure au sommet de la tête, qui est leur principal signe distinctif. Si de l'eau était versée dans ce creux, les kappas perdraient immédiatement leurs pouvoirs.

Ils vivent dans les rivières, les étangs ou les lacs et sont des vampires, se nourrissant de leurs proies par l'anus. Le sang des chevaux et du bétail les satisfait aussi bien que le sang humain.

Un corps avec un anus dilaté retrouvé après une mort par noyade était considéré comme la victime d'un kappa, tout comme un enfant ou un adulte noyé dont le corps n'était pas retrouvé. On dit aussi que les kappa sont capables de violer les femmes, un trait qu'ils partagent avec les oni. Outre le sang, ils aiment les concombres et une façon de les apaiser est de jeter des concombres portant le nom et l'âge de la famille dans l'eau où vivent les kappa. De cette façon, ils ne les attireront pas dans leurs griffes. Une autre caractéristique du kappa est sa capacité à tenir une promesse, et il existe de nombreuses histoires dans lesquelles un pacte est conclu entre l'homme et le kappa, au bénéfice de l'homme. Malgré leurs nombreuses habitudes désagréables, ils sont étrangement polis, souvent à leur propre détriment, car en s'inclinant devant une victime désignée, on peut leur verser de l'eau sur la tête et disperser leur force. L'histoire du kappa et du prêt de bols que je vous présenterai plus tard est un exemple de la fiabilité et de la courtoisie d'un kappa. L'un des faits récurrents concernant les rencontres avec les kappas est que si un être humain est mis au défi de combattre un kappa en combat singulier, il doit accepter et espérer que le kappa ne gardera pas la tête droite pendant la rencontre.

L'humain peut donc en extraire une promesse alors qu'il est en état de faiblesse.

Il y avait un Kappa qui se transformait en enfant et demandait à ceux qui passaient près de l'étang où il vivait de jouer avec lui avec leurs doigts. Ses victimes étaient ensuite traînées dans l'eau et on ne les revoyait plus. Un homme à cheval a réussi à vaincre ce kappa. Il a croisé les doigts avec la créature, mais a ensuite mis sa monture au galop. De l'eau a été versée de la tête du kappa et il a crié à la pitié, promettant d'apprendre à l'homme comment réparer ses os en échange de sa liberté. L'homme a lâché son captif et a ensuite appris tout ce que le kappa avait à lui apprendre. Lorsqu'il a finalement lâché le kappa, il lui a

arraché une autre promesse, celle de rentrer chez lui ailleurs et de ne plus harceler les humains. Cette promesse a également été honorée.

On prétend que parmi les descendants de l'homme, il y avait au moins un expert en chirurgie osseuse. Le savoir des Kappa se transmettait de génération en génération.

Dans une autre histoire de kappa, une des créatures a émergé d'une rivière et a attaqué une vache attachée en mettant sa main dans son rectum. Dans sa lutte pour s'échapper, la vache a enroulé sa corde autour du bras du kappa et la créature a fini par retourner dans l'eau, laissant derrière elle son bras, cassé à l'épaule. Le fermier propriétaire de la vache a trouvé le bras lorsqu'il a récupéré son animal le soir et l'a ramené chez lui. Plus tard dans la nuit, le kappa est retourné à la ferme, suppliant qu'on lui rende son membre, disant qu'il serait capable de l'attacher à son corps s'il lui était rendu dans les trois jours. L'homme a rendu le bras, mais non sans avoir obtenu au préalable la promesse qu'aucun animal, enfant ou adulte du village ne serait à nouveau molesté. La rivière où cela s'est produit se jette dans la mer sur une plage de sable et la parole du kappa a été honorée à tel point qu'une voix surnaturelle pouvait être entendue sur la rive lorsque les enfants y jouaient. La voix a prévenu qu'il y avait un invité indésirable sur la plage, sous la forme d'un autre kappa qui ne s'est pas retenu d'attaquer les humains à portée de main. De cette façon, le bord de mer et le bord de la rivière à proximité étaient à l'abri des assauts du kappa.

1. LA FEMME DES NEIGES (YUKI-ONNA)

On croit parfois que les esprits féminins des montagnes - Yama-uba -

sont d'horribles créatures. Mais ce n'est pas la règle générale comme le montre le cas de la mère de Kintaro dont l'histoire sera racontée plus loin.

Un autre esprit féminin capable de provoquer une grande peur est celui décrit par Lafcadio Hearn : Yuki-onna, la femme des neiges. C'est un esprit blanc fantomatique et son habitude est d'apparaître dans les tempêtes de neige, d'endormir les hommes et de les tuer. Elle est jeune et a un très beau corps et un caractère apparemment doux. Hearn a raconté l'histoire de deux hommes, l'un beaucoup plus jeune que l'autre, qui se sont réfugiés dans une cabane de montagne pendant un blizzard. Pendant la nuit, Yuki-onna est entrée et a endormi l'homme le plus âgé, puis est retournée auprès du plus jeune. Elle lui a dit qu'elle l'épargnerait s'il promettait de ne jamais mentionner sa visite à quiconque. Le vieil homme est mort au matin et son compagnon effrayé a supposé qu'il était mort de froid, victime des éléments naturels plutôt que d'un être surnaturel.

Avec le temps, il a rencontré et épousé une jolie jeune femme nommée Yuki. Ce nom signifie neige, mais il est normal et n'avait aucune connotation sinistre pour le marié. Yuki s'est révélée être une épouse aimante et une bonne mère, ainsi qu'une belle-fille dévouée. Après quelques années de mariage, le mari dit un soir à Yuki que, assise comme elle l'était avec une lumière blanche sur le visage, elle lui avait rappelé un épisode de sa jeunesse. Il lui a ensuite raconté la visite de la femme de Yuki à la cabane et la mort de son compagnon. L'apparence et la couleur naturelles de Yuki ont changé et elle s'est révélée être la femme des neiges. Avec une colère silencieuse, elle rappelle à son mari sa promesse de ne jamais répéter l'histoire et lui dit que si ce n'était pas pour leurs enfants, elle le tuerait sur le champ. Au lieu de cela, elle a fondu, pour ne plus jamais réapparaître auprès de sa famille mortelle.

1. HISTOIRES D'ESPRITS ET DE MONSTRES

2. L'épreuve d'Hoichi

La célèbre histoire d'Hoichi parle d'un rêve. Ou peut-être que ce n'était pas qu'un rêve. Hoichi est décrit comme un moine et aussi comme un pauvre homme habile avec le biwa, l'instrument préféré de Benten. Il était connu pour être un musicien aveugle, et vivait au temple Amidaji à Shimonoseki, à l'extrémité sud-ouest de Honshu.

Ce temple a été construit pour apaiser les esprits du clan Taira qui ont péri lors de la bataille de Dannoura dans le détroit de Shimonoseki qui sépare Honshu de Kjiishu. Ces esprits apparaissaient sous la forme de lumières mobiles sur la mer et le long du littoral.

Le musicien aveugle au biwa s'est montré particulièrement doué dans son interprétation accompagnée du Heike Monogatari, l'histoire tragique du clan Taira et de sa défaite finale qui a entraîné la mort du nouvel empereur Antoku.

Une nuit, le prêtre principal du temple était sorti et alors que Hoichi était assis sur la véranda, il a entendu des pas s'approcher. Le bruit indiquait que le propriétaire était vêtu d'une armure. Le visiteur s'adressa à Hoichi par son nom et lui dit qu'il était au service d'un daimyo qui, escorté de nombreux serviteurs, visitait la région, notamment le lieu de la bataille de Dannoura. De toute évidence, le visiteur du temple était un samouraï, portant un costume de combat. Le samouraï dit qu'il avait reçu l'ordre d'amener Hoichi à l'endroit où la compagnie était réunie afin qu'ils puissent écouter son interprétation du Heike Monogatari. Très flatté par cette demande, Hoichi s'est laissé entraîner loin du temple. Il n'a pas pu savoir où on l'emmenait et son guide est resté silencieux, mais en passant une grande porte, Hoichi a été accueilli par une femme qui l'a conduit à un endroit et l'a invité à commencer sa récitation. Hoichi était conscient qu'il se trouvait dans une grande salle bondée, avec un public qui appréciait pleinement sa performance. Le samouraï en armure l'a ramené au temple après que la femme l'ait informé que le daimyo avait exprimé le souhait d'entendre Hoichi répéter le spectacle chaque soir pendant son séjour d'une semaine à Shimonoseki, à condition que l'aveugle n'en parle à personne, car il ne voulait pas que sa visite de la région soit connue localement. La même séquence d'événements a suivi la nuit suivante, sauf qu'un des acolytes du temple a remarqué l'absence

de Hoichi. Au matin, le moine responsable a demandé à Hoichi où il était allé. L'aveugle, se souvenant de la demande de la femme, donna une réponse évasive. Craignant pour la sécurité de l'aveugle, le moine a demandé à être informé immédiatement si Hoichi avait été vu en dehors du temple. Évidemment, cette troisième nuit, sa chambre était vide et une recherche dans le voisinage a été immédiatement lancée avec une certaine urgence, car c'était une nuit d'orage et il pleuvait abondamment. Hoichi a été retrouvé, assis sur la pierre commémorative de l'empereur Antoku dans le cimetière du temple, entouré de lumières fantomatiques, jouant de son biwa et récitant, inconscient de son environnement et de la pluie. Il était furieux d'être interrompu, protestant que la grande entreprise pour laquelle il se produisait devait également être indignée. Après une lutte, Hoichi a été ramené au temple, calmé et mis au lit. On lui a expliqué où il a été trouvé. Sans aucun doute, il était la victime humaine des esprits de Taira. La voix de la femme inconnue était-elle l'esprit de la mère ou de la grand-mère de l'enfant empereur mort ? Ou est-ce que c'était juste un rêve qui avait rendu Hoichi somnambule pendant trois nuits consécutives ? Afin de protéger Hoichi de nouvelles manifestations, le prêtre a demandé à ses acolytes de couvrir le corps de Hoichi de textes bouddhistes protecteurs, notamment sur la plante de ses pieds et la paume de ses mains. On lui a dit lui-même de s'asseoir sur la véranda et de rester immobile et silencieux si on l'approchait, comme s'il était en profonde méditation : ce n'est qu'ainsi qu'il pouvait échapper au mal. Cette nuit-là, il a entendu les pas du samouraï, le cliquetis désormais familier de l'armure, puis la voix qui l'appelait. Hoichi n'a pas bougé ni répondu. Puis il entendit la voix, soulagée de son ressentiment, se plaindre que seules les oreilles de Hoichi et son biwa étaient visibles. Le samouraï a poursuivi en disant qu'il devait rendre ces oreilles à son maître pour prouver qu'il avait tenté d'obéir à ses ordres. Hoichi a ensuite été soumis en silence à la torture d'avoir les oreilles arrachées de sa tête, et était dans un état d'inconscience lorsque le prêtre principal et les assistants du temple l'ont trouvé. On a découvert que les acolytes lui avaient coupé les oreilles en exécutant leurs instructions avec des textes. Hoichi se remit de son choc et de ses blessures et porta désormais le nom de "Hoichi le sans oreille".

Les fantômes agités des Taïras peuvent également être vus dans la mer.

On raconte également qu'une multitude de fantômes Taira ont entouré un bateau sur lequel Yoshitsune et Benkei voyageaient, quelque

temps après la victoire de Minamoto. Benkei a dispersé la foule en récitant des prières bouddhistes et en tenant un chapelet. Lafcadio Hearn, qui a tant écrit sur le surnaturel au Japon, parle d'autres fantômes de noyés, pas nécessairement ceux de Taira, qui réclament un seau aux navires de passage. Il est dangereux de refuser de telles demandes, mais il est essentiel d'enlever le fond du seau avant de le donner à l'esprit. Sinon, le fantôme va remplir le seau d'eau et couler le bateau. Hearn ne dit pas quelle sanction le fantôme exigera des voyageurs humains si aucun seau ne leur est donné.

1. Le trésor enfoui

De nombreux contes japonais traitent du lien entre les rêves et le surnaturel. Un couple de vendeurs ambulants se reposant ensemble sur une plage discutait pendant un moment jusqu'à ce que l'un d'eux s'endorme. Pendant que son compagnon dormait, l'autre a vu une mouche s'envoler du nez de l'homme endormi en direction de l'île de Sado et, quelque temps plus tard, revenir et se glisser dans la narine du dormeur, qui s'est alors réveillé. Aucune mention de la mouche n'a été faite, mais l'homme endormi a dit à son ami qu'il avait rêvé d'une mouche qui l'avait informé d'un trésor enterré sous un camélia blanc à Sado, dans le jardin d'un homme riche. Le rêveur prenait de l'argent pour la vente ou le récit de ce rêve, et lorsqu'ils se séparaient, l'autre colporteur partait à Sado. Il savait que le rêveur ne ferait pas de même car, en acceptant l'argent, il avait perdu la propriété du rêve. Le colporteur a obtenu d'un homme riche un emploi dans le jardin de l'île, mais ce printemps-là, les camélias qui lui avaient été confiés portaient des fleurs colorées. Néanmoins, il n'a pas perdu espoir et est resté une année de plus à travailler pour l'homme riche. Sa confiance, sa patience et son désir de richesse ont été récompensés. Au printemps suivant, l'un des camélias du jardin était chargé de fleurs blanches, et sous celui-ci, le colporteur devenu jardinier trouva un vase contenant beaucoup d'or. Il est resté au travail de son maître pendant un certain temps et est finalement parti, pour profiter du luxe que son investissement de rêve lui avait apporté.

1. Une histoire de réincarnation

Lafcadio Hearn raconte une histoire de réincarnation d'une fille nommée O-Tei. Elle était fiancée à un jeune homme de 19 ans : elle n'en avait que 15. Le couple s'aimait sincèrement, bien que leurs fiançailles aient été organisées par leurs familles par le biais d'intermédiaires, selon la vieille méthode approuvée. O-Tei est tombée malade et il était clair pour elle et son fiancé qu'elle n'avait plus longtemps à vivre. La nuit avant sa mort, elle a dit qu'elle reviendrait vers lui avec un corps plus fort. Il promit de l'attendre, mais elle ne put lui dire comment il la reconnaîtrait lorsqu'elle reviendrait avec lui. Après sa mort, il lui a écrit une promesse de l'épouser si jamais elle revenait vers lui, a scellé le mot et l'a placé sur sa pierre tombale. Quelques années passent et, le moment venu, il se remarie, à l'instigation de sa famille, et a un fils. Ses parents sont décédés et leur mort a été rapidement suivie par celle de sa femme et de son fils. Ce veuf relativement jeune entreprend un voyage pour tenter de trouver une consolation à son quadruple chagrin.

Alors qu'il séjourne dans une auberge d'un village jusqu'alors inconnu, il est servi par une jeune fille qui ressemble beaucoup à O-Tei.

Bien qu'il ait aimé sa femme, il était toujours resté fidèle au souvenir de son premier amour, et l'ancienne passion s'est ravivée à la vue de la jeune fille dans l'auberge. Il lui a demandé son nom et a dit qu'elle lui rappelait quelqu'un qu'il avait connu et aimé des années auparavant. Elle lui a dit qu'elle s'appelait O-Tei puis, de la voix qu'il connaissait si bien, a dit qu'elle connaissait le vœu écrit qu'il avait fait de l'épouser si elle revenait vers lui. Ce vœu avait apaisé son esprit, disait-elle. Puis elle s'est évanouie. Bien sûr, ils se sont mariés et ce fut un mariage heureux, mais après cette conversation initiale dans son nouveau corps, O-Tei n'avait aucun souvenir de son existence précédente ou de la conversation qu'ils avaient eue ensemble après qu'il soit devenu veuf.

1. L'amour maternel

Un commerçant a eu, pendant une courte période, un client régulier qui venait tous les soirs pour acheter du midzu-ame, un sirop parfois donné aux petits enfants lorsque le lait n'est pas disponible. La cliente était une jeune femme, qui semblait malade et très pâle. Elle n'a jamais parlé, mais a simplement désigné le midzu-ame et lui a donné l'argent. Le commerçant est devenu curieux de son achat unique habituel et l'a suivie une nuit, mais lorsqu'il l'a vue entrer dans le cimetière du village, il est parti. Quelques nuits plus tard, au lieu d'acheter quelque chose, elle a fait signe à l'homme de la suivre. Il se sentait mal à l'aise devant sa présence silencieuse, et alors qu'il la poursuivait dans le crépuscule, il a également appelé quelques amis dans la rue pour les accompagner. Ils ont tous poursuivi la femme dans le cimetière, car c'est là qu'elle les a menés. Lorsqu'elle atteint une tombe, la femme disparaît, mais les hommes sont surtout surpris par le bruit d'un enfant qui pleure à l'intérieur. Ils ont allumé les lumières et ouvert la tombe. Le cadavre de la femme gisait là et, à côté, se trouvait un bébé âgé de quelques semaines seulement. L'explication donnée à cette histoire d'amour maternel est que la femme a été enterrée alors que son enfant à naître était vivant. Après la naissance de l'enfant, l'esprit de la femme le nourrissait jusqu'au moment où elle pouvait s'assurer qu'il serait pris en charge par ses compagnons mortels.

1. Des animaux qui se transforment en humains

Les animaux peuvent prendre forme humaine. Le renard est bien connu pour cette capacité, tout comme le serpent et le blaireau.

Dans l'une des histoires de renard, un mari découvre que sa femme est en fait un renard en voyant sa queue dépasser de sous la couette lorsqu'elle est au lit. Elle n'avait pas de mauvaises intentions ; au contraire, elle a aidé son mari avec sa rizière en plantant comme par magie le champ jusqu'alors non planté avec des plantes retournées. Pour cette raison, il a été exempté de la taxe sur le riz, bien que le riz soit encore mûr. Elle s'est également-ment occupée avec dévouement de leur enfant invalide, dont la maladie avait empêché son mari de s'occuper de ses terres. Malgré toute son étrangeté, c'était un bon mariage. On pense que la femme du renard était l'un des messagers utilisés par Inari, le dieu du riz.

Il existe de nombreux exemples de telles transforma-tions de créatures en forme humaine. Ce type d'histoire est très populaire et présente de nombreuses variantes.

Un motif qui apparaît fréquemment est celui d'un ser-pent prenant la forme d'un prétendant. Dans l'une de ces histoires, un beau jeune homme prêtait attention à une fille qui le trouvait attirant. Elle était d'un rang social plus élevé que lui, mais ni elle ni aucun membre de sa famille n'a su d'où elle venait ni même son nom. Flattée par ses appels fréquents au domicile de ses parents et attirée par lui sur le plan émotionnel, la curiosité de la jeune fille devient insupportable. Sur la suggestion de son infirmière ou de sa femme de chambre, elle a enfoncé une aiguille dans son vêtement lors d'une de ses visites à la maison. Après avoir laissé un souffle à son prétendant, la jeune fille et la femme plus âgée sont parties ensemble, en suivant le fil. Il les a conduits dans les profondeurs du pays et a fini par disparaître dans une grotte isolée. Pour les alarmer, ils ont entendu des gémissements venant de l'intérieur. L'infirmière alluma une lampe, qu'elle avait apportée avec elle, et entra. Un énorme serpent se tordait, gémissant de peur, parce qu'une aiguille était enfoncée profondément dans sa gorge. La jeune fille s'est enfuie, mais l'infirmière est morte de peur immédiatement et le serpent est mort peu après.

Il existe une autre histoire d'un serpent prenant forme humaine, mais avec un résultat différent. Deux de ces créatures, à nouveau de grande taille, ont été trou-vées par un groupe de chasseurs. L'un a été tué mais l'autre s'est échappé. Les cultures environnantes ont ensuite subi de gros dégâts, apparemment causés par un grand animal prédateur. Plusieurs tentatives ont été faites pour trouver et tuer la bête, mais seul le serpent

survivant a été vu. Il a réussi à échapper à ses chasseurs malgré ses blessures. À cette époque, un patient
rend visite au médecin local, un inconnu pour lui et
pour la région. Il a soigné une blessure qu'elle lui a dit
s'être faite en coupant du bois de chauffage. Lorsque
la blessure a guéri, après plusieurs visites, la femme a
dit qu'elle ne pouvait pas payer de rémunération, mais
au lieu d'un paiement, elle lui a donné un avertisse-
ment d'un tremblement de terre qui causerait bientôt
la mort de nombreuses personnes dans les environs. Il
a accepté cette forme de rémunération et a quitté le village pour un temps, échappant ainsi à un tremblement
de terre dévastateur. Il semble qu'il n'ait partagé avec
personne sa connaissance préalable de la catastrophe.
Il va sans dire que ce patient étranger était le serpent
dont le compagnon avait été tué et dont la mort a été
vengée d'abord par des dommages matériels, puis par
des dommages bien plus graves et la mort. Cette histoire se déroule dans et autour de Shimbara. On dit
qu'à certaines périodes de l'année, on peut voir des
boules de feu se déplacer sur la mer au large de la côte.
Certains pensent qu'il s'agit des esprits de ceux qui ont
perdu la vie dans le tremblement de terre.

Une autre légende de transformation concerne un chat et se déroule sur l'île de Sado. Un vieux couple avait un chat noir auquel ils étaient très attachés. Ils étaient très pauvres et lorsque leurs difficultés semblaient ne pas avoir de solution, le chat, en échange de leurs sacrifices au fil des s'est transformé en geisha, prenant le nom d'Okesa. Elle a ensuite collecté l'argent pour le couple, mais à grands frais, car elle n'aimait pas sa nouvelle vie, qui consistait à avoir des relations sexuelles avec ses clients et à leur offrir des divertissements plus formels tels que parler, chanter et danser, domaines dans lesquels elle était particulièrement douée. Un de ses clients, un batelier, l'a un jour aperçue sous sa forme de chat en train de manger. Elle lui a fait promettre de ne pas révéler sa véritable identité. Mais lorsqu'il a emmené un bateau rempli de passagers à Hokkaido, il n'a pas pu résister à la tentation de leur dire que la célèbre geisha dansante de

Sado était en fait le chat du vieux couple. On dit qu'un nuage dense est apparu dans le ciel et qu'un grand chat noir en est sorti et l'a emmené. Les passagers ont réussi à s'échapper sains et saufs : après tout, ils n'avaient entendu que l'histoire. Vous pouvez toujours acheter des poupées qui dansent l'Okesa.

1. Le fantôme du temple

Tout le monde connaît l'étrange sentiment qui se dé-
gage lorsqu'un groupe de personnes se délecte des
histoires de fantômes des autres. Certains contes au
Japon suggèrent que ce malaise augmente parfois au
point qu'un groupe peut s'attendre à ce qu'un malheur
se produise à cause de leur yamming.

Un exemple concerne un novice du temple qui a invité
ses amis à une séance de contes. Tout le monde a
allumé des bougies dans une autre pièce pour chaque
narration à raconter. Après chaque narration, le narra-
teur devait sortir seul et souffler une bougie, en com-
mençant par le plus craintif des narrateurs. Après avoir
soufflé toutes les bougies et raconté toutes les histoires,
ils sont rentrés chez eux, à l'exception de deux invités.
L'un d'eux s'est réveillé et a vu un fantôme chasser le
novice. Insensible à la terreur, il est resté là toute la
nuit et, à l'aube, il a fui l'endroit. Lorsqu'il s'est remis de
son choc, il s'est rendu régulièrement au temple où son
invité disparu était novice et a prié pour qu'une nouvelle
catastrophe ne s'abatte pas sur le temple. Chaque fois
qu'il faisait cette visite pieuse, il rencontrait une fille sur
le chemin du retour.

En temps voulu, il lui a fait la cour, puis l'a épousée. Ils étaient mari et femme depuis un certain temps lorsqu'un soir, il est entré dans la cuisine et l'a vue souffler sur le feu. Son visage était celui du fantôme du temple. Il s'est souvenu que c'était l'anniversaire de la soirée de contes. Il a crié de peur et s'est aussi souvenu qu'après son mariage, il avait cessé de se rendre régulièrement au temple. Sa femme a levé la tête. Il n'y avait aucun doute. C'était bien l'être d'un autre monde qu'il avait vu auparavant. Elle s'est approchée de lui, alors qu'il était debout sur place, et a soufflé sur lui. L'histoire se termine par sa mort immédiate. Une mort non naturelle, comme une mort par violence ou par noyade, peut être à l'origine de la présence d'un esprit rancunier qui hante ses anciens compagnons. Pour éviter cela, des services sont organisés pour apaiser l'angoisse de l'esprit qui a quitté son corps sans paix. Il est dit qu'un esprit, même si la mort est naturelle, reste dans sa demeure à vie jusqu'à 33 ans.

1. L'amour entre mortels et esprits

Les récits de mariages entre humains et esprits sont nombreux, tout comme ceux avec les esprits du monde végétal. Dans l'une de ces histoires, un homme admire un saule qui pousse dans son village. Il a empêché qu'il soit abattu afin de fournir du bois pour un pont nécessaire en présentant au village le bois nécessaire provenant de sa propriété. Peu de temps après, il a rencontré une fille sous ce saule et est immédiatement tombé amoureux d'elle. Elle a répondu à ses sentiments et ils se sont mariés, sachant pertinemment qu'elle n'avait ni parents ni maison. Leur mariage est idyllique jusqu'à ce qu'ils apprennent que, sur ordre de l'empereur, le saule doit être abattu pour reconstruire un temple. Les efforts de l'homme pour le sauver cette fois ont été vains. Pendant qu'on l'abattait, sa femme lui a dit que l'arbre abritait son esprit. Il la serra fort, mais ni l'amour physique ni l'amour spirituel ne purent la retenir, et elle mourut alors que l'arbre s'écrasait au sol.

Il existe une autre histoire d'amour entre un esprit mortel et l'un des arbres. Un couple d'amoureux se rencontre un soir et l'homme dit soudain à la femme qu'il sait qu'elle va mourir le lendemain matin. Puis il a disparu, la laissant désemparée. Elle vit fugitivement l'ombre d'un pin contre le shoji, la porte coulissante en papier de la chambre. Elle était perplexe car elle savait que les pins ne poussaient pas dans son jardin. Le lendemain, un pin situé à la périphérie du village a été abattu pour remplacer un pont qui avait été emporté par une crue locale. En entendant cela, la femme s'est souvenue de sa vision de l'ombre et s'est rendue sur place. Elle a découvert que, malgré les efforts de nombreuses personnes, l'arbre abattu restait immobile. Instinctivement, elle s'est rendu compte qu'elle aimait cet arbre sous sa forme humaine : et lorsqu'elle a touché le tronc et saisi l'une des cordes qui y étaient attachées, il a bougé facilement. Peut-être était-ce la seule façon, dans la mort, pour l'esprit de l'arbre de prouver son identité.

1. La malédiction déjouée

Un conte décrit une méthode utilisée pour éviter les fantômes d'un esprit vengeur, différente des cérémonies religieuses concernant l'enterrement des morts ou l'honneur de l'esprit défunt. Un homme a été condamné à mort par décapitation. Alors qu'il était placé sur le sol, fermement immobilisé par des sacs remplis de pierres afin qu'il ne puisse pas bouger, il a imploré la clémence, affirmant que les crimes dont il avait été reconnu coupable avaient été commis involontairement. Il a admis la stupidité mais pas la malice. Il a également déclaré que si la sentence était exécutée, il deviendrait un esprit rancunier qui chercherait et obtiendrait la punition de ses bourreaux. Les personnes rassemblées autour ont été grandement alarmées par cette prédiction, mais le samouraï en charge est resté calme. Il obtint du prisonnier la promesse de donner un signe de son intention de se venger immédiatement après sa mort et l'homme, réalisant qu'aucune pitié ne lui serait accordée, donna sa parole. Le samouraï désignait une pierre devant la victime et lui disait d'essayer de la mordre après sa mort, signe que son esprit serait effectivement en colère. L'homme a juré qu'il le ferait. Le samouraï a dégainé son sabre et, d'un seul coup, a séparé la tête du corps. La tête a roulé puis a rebondi vers la pierre, l'a attrapée avec ses dents puis s'est arrêtée. Des observateurs horrifiés ont imploré le samouraï d'organiser immédiatement un service pour soulager l'esprit de l'homme, mais il a expliqué que dans ce cas, un tel comportement ne serait pas nécessaire. Il a déclaré que seules les dernières pensées ou les derniers désirs d'un mourant, qui peut devenir un esprit agité, étaient dangereux pour les vivants. Les dernières pensées de cet homme étaient entièrement dirigées vers le signe de vengeance qu'il apporterait, plutôt que vers la vengeance elle-même. Toutes ses dernières énergies vivantes étaient dirigées vers la pierre et la morsure vers elle. Le conte s'arrête ici, car l'homme n'est jamais apparu sous forme de fantôme.

1. L'honnêteté paie

Dans une autre histoire, deux hommes se racontaient leurs rêves. L'un a rêvé que la chance lui viendrait d'en haut et l'autre a rêvé qu'elle lui viendrait de la terre. L'homme qui rêvait que la chance lui vienne du ciel a trouvé un récipient dans son champ alors qu'il creusait et dans lequel se trouvaient des pièces d'or. Son honnêteté était telle qu'il le laissa là où il était et alla en parler à son compagnon de rêve, disant que le trésor lui appartenait certainement puisque c'était lui qui avait rêvé que la fortune viendrait de la terre. L'autre homme s'est rendu sur place, a trouvé la malle enterrée et l'a ramenée chez lui. Mais lorsqu'il l'a ouvert, l'or n'était plus là : il était devenu une masse de serpents qui se tordaient. L'homme se précipite furieusement chez son ami et le voit, lui et sa femme, assis au coin du feu, heureux. Il a grimpé sur le toit et, par une ouverture, a déversé le contenu du conteneur sur l'homme qui l'avait apparemment mal renseigné. Mais les serpents revinrent dorés et l'homme qui avait rêvé d'une chance venue d'en haut reçut une cascade d'argent du toit de sa propre maison.

1. Le Samouraï égoïste

Une histoire de fantômes traditionnelle implique également un mariage, mais avec une issue moins heureuse. À l'époque où Kyoto était la capitale du Japon, un homme, que l'on croit être un samouraï, a perdu son gagne-pain en raison des difficultés financières du daimyo qu'il servait. Il a pris un emploi dans une autre province et, bien que sa femme soit une bonne femme, il l'a abandonnée, pensant qu'il serait dans son intérêt de se faire une nouvelle vie. Quand il a commencé à retrouver sa prospérité, il a pris une autre femme. C'était un couple sans amour et sans enfant. Son premier mariage est resté sans enfant, mais pour des raisons différentes. En temps voulu, il est devenu très riche et s'est rendu compte que pendant les années où il avait été éloigné de Kyoto, sa première femme lui avait manqué et qu'il l'aimait vraiment. Pour la deuxième fois, cet égoïste a quitté sa femme et est retourné à la capitale. Il se rend dans son ancienne maison et y retrouve sa première femme, qui ne semble pas avoir beaucoup changé malgré le temps qui passe. Il supplie d'être pardonné pour sa désertion et elle lui pardonne, disant qu'elle l'a toujours aimé. Ils ont discuté joyeusement toute la soirée et se sont retirés dans leur ancienne chambre pour profiter à nouveau des plaisirs des premières années de leur mariage. Au matin, le samouraï se tourna vers sa femme, pour trouver un cadavre flétri gisant à ses côtés. Il découvrit plus tard que sa première femme avait vécu seule dans la maison pendant quelques mois après qu'il l'eut quittée, puis qu'elle était morte, probablement d'un cœur brisé. Le sort de sa seconde épouse n'est pas connu.

CHAPITRE 5

H ÉROS ET HÉROÏNES

Le terme de héros a été appliqué dès les premiers temps à une personne qui possédait une force et un courage surhumains et qui était favorisée par les dieux. En fait, beaucoup des anciens héros japonais étaient eux-mêmes des dieux, notamment Susano, Oh-kuni-nushi et son petit ami Suku-na-biko ou le Petit Homme de la Renommée.

Plus tard, le mot a été appliqué aux personnes qui étaient vaillantes au combat, nobles dans leurs objectifs et chevaleresques dans leurs actions.

Les héros japonais sont semblables aux héros d'autres pays, à quelques différences près. Bien sûr, ils étaient influencés par leur environnement : en tant que peuple insulaire, ils se battaient à la fois sur mer et sur terre. Le shintoïsme a nourri un patriotisme associé à la dévotion à un empereur d'origine divine, et le bouddhisme a encouragé le code de chevalerie japonais connu sous le nom de Bushido. La famille est également importante et il existe de nombreux exemples de piété filiale. De nombreux héros ont commis le hara-kiri (ou seppuku), l'autodafé cérémoniel, pour préserver l'honneur de la famille, pour expier une faute ou même pour suivre un maître.

Le héros de la guerre russo-japonaise (1904-5), le général comte Nogi, s'est fait hara-kiri, tout comme sa femme, après la mort de l'empereur Meiji en 1912. Diverses théories sur ce sacrifice ont été proposées à l'époque, mais il est admis qu'il voulait servir son monarque dans la mort comme il l'avait fait dans la vie. Il est donc un héros au sens ancien du terme japonais.

Les Kamikazes (le mot signifie vent divin) ou pilotes suicidaires de la Seconde Guerre mondiale étaient de tels héros.

En 1932, trois simples soldats de l'armée impériale à Shanghai ont transporté une bombe explosive allumée dans une position de défense ennemie en fil barbelé. Ils ont fait exploser la section et sont morts, comme ils le savaient. Ils sont connus comme "les trois héros de

Chapei" ou "la bombe humaine". Ils appartiennent à l'histoire, leur bravoure est déjà entrée dans la légende.

Je ne parlerai pas de la férocité et de la brutalité de la Seconde Guerre mondiale, mais les armées du Japon croyaient, comme leurs ancêtres à travers les siècles, qu'il vaut mieux mourir de sa propre main au combat. Être fait prisonnier est sans honneur ni héroïsme. Le courage physique est admiré au Japon comme partout ailleurs.

Le suicide pour des raisons de Bushido est considéré avec regret, comme en Occident, mais il est également considéré comme une mort courageuse lorsque le motif est honorable.

Un autre facteur qui intervient peut-être dans la conception japonaise de l'héroïsme est le giri. Il est difficile de traduire cette idée. Il signifie littéralement une obligation morale auto-imposée avec une impulsion sentimentale.

Au moins dans certains des mythes et légendes, la ronde est présente.

Jimmu Tenno, le premier empereur, était aussi le premier demi-dieu à être un héros humain. Le Japon ayant le respect de la vieillesse, ses exploits acquièrent peut-être un certain lustre grâce à sa longévité, puisqu'il aurait vécu jusqu'à l'âge de 137 ans !

1. MOMOTARO

Le petit homme célèbre était un dieu... et un être minuscule. Il est un héros en raison de sa noblesse d'intention plutôt que de son habileté au combat. Momotaro combine les deux vertus. Il est né dans une pêche. Un couple sans enfant a trouvé la pêche flottant sur un ruisseau de montagne et quand ils l'ont ramenée à la maison et l'ont ouverte, il y avait un petit garçon humain parfaitement formé. Ils l'ont appelé Momotaro, ce qui signifie enfant de la pêche. Le couple le considérait comme un fils et il a grandi en étant dévoué et courageux. Les habitants de la région étaient terrifiés par les oni qui habitaient une île et faisaient des raids sur le continent pour en voler les trésors. Momotaro, à l'âge de 15 ans, a décidé de passer à l'action. Avant de partir pour la mission qu'il s'était fixée, sa mère adoptive lui a donné des gâteaux de riz. En chemin, il a rencontré un chien, un faisan et un singe, dans cet ordre. Ils l'ont rejoint dans son expédition en échange d'un gâteau de riz. Lorsque le quatuor a atteint la côte, il a trouvé un bateau et est arrivé sur l'île de l'oni. Là, ils ont rencontré des filles qui avaient été enlevées et violées par des raiders oni et retenues captives sur l'île. Avec ses amis, il a attaqué le château de l'oni et les a tous tués. Ils ont ensuite libéré tous les prisonniers humains, emmené les filles qu'ils avaient rencontrées sur le débarcadère et rempli leur bateau avec les trésors volés par les oni. Le voyage de retour s'est déroulé sans incident et le trésor a été rendu à ses propriétaires. Il restait suffisamment de butin oni pour que Momotaro puisse assurer à ses parents adoptifs une vie confortable jusqu'à la fin de leurs jours.

1. ISSUN BOSHI

Issun Boshi était un autre petit héros. Son nom signifie petit pouce. Il a eu une naissance normale après la période normale de la grossesse (les héros restent souvent longtemps dans l'utérus) après que ses parents aient été mariés de nombreuses années sans enfants. Avant sa conception, ils ont prié au sanctuaire local pour un enfant, même s'il ne devait être que de la taille d'un doigt. Les dieux ont pris leur prière au pied de la lettre. Comme dans le cas de Momotaro, l'histoire la plus célèbre d'Issun Boshi commence à l'âge de 15 ans. Il semblerait que Momotaro ait atteint une taille normale à ce moment-là, mais Issun Boshi était encore minuscule. Il a exprimé le désir de visiter la capitale, Kyoto, à cette époque. Ses parents lui ont donné un bol de riz, une paire de baguettes et une aiguille en guise d'épée, coincée dans un fourreau fait d'une paille vide. Il a dû faire le voyage en partie par la rivière, et a flotté dans son bol de riz laqué, en utilisant ses baguettes pour le guider.

Malgré sa petite taille, Issun Boshi n'a pas été piétiné dans la ville et a pu, le moment venu, entrer au service d'une famille noble. Il est intelligent et travailleur et s'attache à la famille, en particulier à la fille de la maison. Après plusieurs années, il l'accompagne un jour pour prier au temple dédié à la déesse Kwannon. Sur le chemin, deux onis géants barraient la route et Issun Boshi a sauté pour essayer de détourner leur attention de la jeune fille. Un des oni l'a vu, l'a soulevé et l'a avalé. Le petit jeune a dégainé son épée à aiguille et a commencé à poignarder l'estomac de l'oni. Il s'est ensuite frayé un chemin le long de la gorge, en brandissant l'épée au fur et à mesure de son ascension. C'était si douloureux pour l'oni qu'il a recraché Issun Boshi dès qu'il a pu. L'autre oni l'a alors ramassé, mais le petit bonhomme lui a sauté dans les yeux et y a fait bon usage de son épée miniature. Alors que les démons s'élèvent dans les airs, le héros de l'histoire tombe au sol, indemne. Dans leur fuite, l'un des oni a laissé tomber une masse, un objet capable d'exaucer des vœux. Daikoku, le dieu de la richesse et l'un des sept dieux de la bonne fortune, est souvent représenté tenant une telle masse. Ensemble, la fille et le jeune garçon ont frappé la masse sur le sol et ont fait un vœu. Immédiatement, Issun Boshi a retrouvé sa taille normale, habillé en samouraï. À leur retour, le père de la jeune fille a volontiers autorisé le couple à se marier. La vie d'Issun Boshi se poursuivit de manière moins risquée, mais il s'avéra être bien doté de l'esprit samouraï, et en plus d'être un bon mari, il emmena ses parents à Kyoto et prit soin d'eux dans leur vieillesse. Lui et Momotaro avaient beaucoup en commun.

1. KINTARO

Kintaro était connu pour sa force physique extraordinaire et sa loyauté.

La mère de Kintaro était l'un des esprits de la montagne connus sous le nom de Yama-uba. Elle était également décrite comme une mortelle, dévouée à son mari guerrier injustement banni de la cour.

Kintaro était un enfant posthume et a été élevé dans une cabane de montagne, avec pour seuls compagnons sa mère et des animaux. Apparemment, c'était un bel enfant, à la peau dorée. Enfant, il était assez fort pour déraciner des arbres d'une seule main. Se battre avec un ours n'était qu'un exercice, qui ne présentait aucun danger pour l'enfant.

Outre sa force, Kintaro a fait preuve d'une certaine sagesse dans son enfance, car il avait l'habitude de juger lorsque ses amis animaux se battaient pour tester leur force, bien qu'il n'y ait aucune trace de Kintaro comme spectateur de combats d'animaux à mort.

Sa force a fini par être découverte et il a été emmené à la cour de Kyoto, où l'on pense qu'il est devenu le serviteur de Yorimitsu, l'un des premiers chefs du clan Minamoto. Kintaro finit par revendiquer le nom de son père et, à l'âge adulte, devient lui aussi un guerrier.

1. RAIKO

Raiko a été servi dans sa direction de Minamoto par quatre lieutenants. L'un des exploits de Raiko a été de

vaincre une petite bande de géants oni qui avaient attaqué des femmes dans les montagnes.

Raiko et ses sbires ont été chargés de débarrasser l'endroit de ces créatures. Ce n'était pas la première fois
qu'un héros accomplissait son devoir avec autant de
ruse que de vaillance. Déguisés en une bande de prêtres
errants et armés sous leurs robes, ils se rendaient dans
la forteresse montagneuse de leurs victimes et leur of-
fraient une boisson magique. Les géants ne connais-
saient pas l'identité des prêtres et ont beaucoup apprécié la boisson et le divertissement des danses im-
provisées que Raiko leur a proposé. Lorsque la boisson
magique a eu son effet enivrant, les guerriers ont abandonné leurs robes de prêtres et décapité les créatures.
Le chef des vampires était tellement enragé par cette
indignité que sa tête coupée a essayé d'attaquer Raiko.
Mais les guerriers Minamoto ont gagné et ont sauvé un
certain nombre de femmes captives qu'ils ont trouvées
près de la cachette de l'oni dans la forêt de montagne.

L'une des nombreuses histoires que l'on raconte sur
Raiko concerne la période où il est tombé malade. Il
vivait dans une villa à Kyoto, avec de nombreux serviteurs. Il n'a donc pas trouvé étrange qu'à minuit, son

médicament lui soit apporté par un jeune homme qu'il ne connaissait pas. Cependant, à mesure que sa maladie s'aggravait, il a commencé à soupçonner que ce jeune homme l'empoisonnait ou qu'il avait des pouvoirs maléfiques. Une nuit, il a attaqué le garçon, qui s'est enfui de la pièce en hurlant, et a jeté une toile collante sur Raiko. Bien qu'il l'ait coupé avec son épée, il a continué à tisser la toile de Raiko. Un des lieutenants de Raiko a entendu l'agitation. Se précipitant au secours de son maître, il rencontra l'étrange jeune homme dans le couloir, et lui aussi fut recouvert d'un filet surnaturel. Le soi-disant serviteur fut finalement découvert dans une grotte dans ses robes royales sous la forme d'un gobelin-araignée, souffrant de la coupure de l'épée que Raiko lui avait infligée. La créature a été tuée et Raiko a non seulement récupéré de sa maladie, mais les toiles se sont désintégrées, libérant Raiko et son fidèle lieutenant.

1. TAWARA TODA

Un autre héros, Tawara Toda, daterait du 11e siècle, mais les récits le concernant sont tellement enveloppés de magie qu'on ne peut s'empêcher de se demander s'il a jamais vécu. Dans la légende, il était un homme de courage et d'honneur. L'une des histoires qui lui sont consacrées a pour cadre le lac Biwa, qui apparaît très souvent dans la mythologie japonaise. Tawara Toda traversait un pont sur la rivière qui sortait du lac lorsqu'il vit un énorme et horrible serpent couché sur son chemin. Son courage était tel qu'il n'a pas tenté de le tuer, mais a simplement enjambé son corps écailleux et poursuivi son chemin. Il s'est allongé passivement sur le pont. Peut-être que si le monstre avait montré une certaine agressivité, Tawara Toda aurait agi différemment. A ce stade, les interprétations de l'histoire varient.

Dans une version, il reçut plus tard la visite chez lui d'une jeune femme qui s'avéra être la fille du roi dragon, et qui lui dit que sous sa véritable forme, elle avait été le serpent sur lequel il passa si indifféremment sur le pont.

Une autre version raconte qu'après avoir atteint l'autre côté de la rivière, Tawara Toda s'est retourné pour regarder en arrière, et qu'au lieu du serpent couché, il y avait un être ressemblant à un homme portant une couronne avec un petit serpent dessus. Cet étranger a dit qu'il était le Roi Dragon lui-même. Il prétendait avoir pris la forme de la créature pour trouver un être humain assez courageux pour entreprendre une tâche qui ne pouvait être accomplie que par un mortel.

Les versions convergent ensuite à nouveau, alors que Tawara Toda est chargé de tuer un gigantesque mille-pattes qui a menacé le royaume du Roi Dragon. Le mille-pattes était si énorme qu'il recouvrait une montagne : des sphères de feu brillaient dans sa tête.

Le héros humain était un bon archer, mais bien que ses deux premières flèches aient atteint la cible, la créature semblait indemne. On dit que la salive a parfois des propriétés magiques et mortelles. Tawara Toda s'en est souvenu et l'a mis à l'épreuve. Il a léché la pointe de la troisième flèche et a visé. Le millepattes est mort quand la flèche l'a touché. Après ce triomphe, Tawara Toda a été diverti dans le palais du Roi Dragon sous le lac Biwa (le divertissement est une suite assez habituelle des actes d'exploit : Raiko a reçu un festin après que lui et ses

serviteurs aient sauvé les filles des oni). Un somptueux banquet a été organisé, il y a eu de la danse et l'occasion était magnifique. En guise d'ultime acte de gratitude, le roi dragon n'a pas donné sa fille en mariage comme on pourrait s'y attendre dans ce genre de récit héroïque, mais des cadeaux surnaturels :

un sac de riz, dont le contenu ne devait jamais être rempli, quelle que soit la quantité retirée ;

un rouleau de tissu de soie qui se remplit à nouveau au fur et à mesure que l'on y découpe des morceaux ;

un pot qui était chauffé sans l'utilisation du feu ;

une cloche, longtemps cachée sous les eaux du lac.

Seule la cloche était dépourvue de magie et Tawara Toda en a fait don à un temple local. J'aime à penser qu'il a fait cela pour commémorer la sécurité assurée du règne du Roi Dragon maintenant que le millepattes était mort, plutôt que pour se débarrasser d'un objet qui, comparé à ses autres cadeaux, était insignifiant.

Le nom de Tawara Toda peut être traduit par "seigneur Toda de la balle de riz" ou "seigneur du sac de riz". Les versions autochtones des différentes histoires le concernant utilisent généralement ce dernier comme titre. Hidesato est un autre nom donné à ce héros.

1. BENKEI ET YOSHITSUNE

Les oni, les fantômes et les serpents étaient presque toujours les ennemis vaincus des héros, mais les tengu étaient du côté de Yoshitsune et Benkei.

Selon un document du sanctuaire de Nagami, Honjo-mura, la fille d'un samouraï, est née le 5 mai 1129 et a été nommée Benkichi. En 1147, elle se rend à Nagami et, trois ans plus tard, conçoit un enfant avec un tengu. Son fils, Benkei, est né treize mois plus tard avec une dentition complète et de longs cheveux. Une légende raconte que dans sa prime jeunesse, il vivait avec sa mère sur une île appelée Benkeijima, au large de Nohara, à Honjo-mura. Apparemment, il était un enfant ennuyeux et a été abandonné là pour sa méchanceté. L'île est reliée au continent par un étroit chemin de sable. On dit que ce chemin a été tracé par l'enfant qui portait du sable dans les manches et la jupe de sa robe pour créer une voie d'évacuation de l'île. Il a dû se réconcilier avec sa mère, car on dit qu'après sa mort, alors qu'il avait 17 ans, il a fait d'elle la déesse Benkichi à Nagami. On dit aussi qu'il jouait avec des tengu sur l'île quand il était enfant. Benkei est célèbre pour être le fils d'un moine et le fils d'un tengu. Il était décrit comme mesurant trois mètres, ayant la force de cent hommes et capable de courir aussi vite que le vent. Sa rencontre avec Yoshitsune sur le pont Gojo à Kyoto a été répétée d'innombrables fois, et il existe un drame nô à ce sujet, qui remonte probablement au 15e siècle.

Pour raconter cette histoire, il est nécessaire de parler du petit-fils de Tametomo, Yoshitsune.

Lorsqu'il était enfant et jeune homme, ce héros du clan Minamoto était connu sous le nom d'Ushiwaka, de la même manière que Yorimitsu était à un moment de sa vie connu sous le nom de Raiko. Après que le jeune Ushiwaka et ses deux frères aient été sauvés de la mort à contrecœur par les Taira après la défaite de Minamoto, Ushiwaka a été envoyé seul dans un monastère où des moines ont pris soin de lui et où il les a aidés dans certaines de leurs tâches. Mais c'était un combattant et, enfant, il avait juré de punir les Taira pour la défaite qu'ils avaient infligée à sa famille. La nuit, il se rendait sur le flanc de la montagne et s'exerçait à l'art du sabre avec une épée-jouet en bois qu'il avait fabriquée lui-même. Le principal tengu a eu pitié du garçon. Une nuit, il

est apparu et l'a interrogé sur ses visites nocturnes secrètes dans les bois. Le tengu a été impressionné par la détermination du garçon et a approuvé le clan

Minamoto. Il a fait en sorte que les serviteurs du tengu enseignent à Ushiwaka non seulement l'art du sabre, mais aussi la stratégie et la tactique. Ainsi, dans son enfance et sa jeunesse, Ushiwaka a appris les arts de la guerre du monde surnaturel, et quand il est devenu un homme et a été connu sous le nom de Yoshitsune, ses exploits étaient tels que son habileté au combat était considérée comme surnaturelle.

Que Benkei soit ou non le fils d'un tengu, le fait qu'il ait eu lui aussi des compagnons tengu dans son enfance est un point commun entre les deux héros.

Le récit de leur rencontre sur le pont de Gojo est la pre-mière des légendes dans laquelle ils apparaissent tous les deux : après cette rencontre, il n'y a plus d'histoires distinctes sur l'un ou l'autre. Ushiwaka avait environ 16 ans et était bien entraîné aux arts de la guerre lorsqu'il entendit parler d'un moine-soldat nommé Benkei. Cet homme a fait sa réputation en attaquant des guerri-ers pour montrer son habileté à l'épée. Benkei collec-tionnait les épées de ceux qu'il tuait pour satisfaire sa vanité. Affecté au monastère du Mont Hiei, il est venu à Kyoto en quête d'aventures et d'autres trophées de sabre. Lorsqu'il a traversé le pont Gojo pour aller prier dans un temple de l'autre côté, Ushiwaka a vu l'homme dont il avait entendu parler qui l'attendait pour le défier. S'il mesurait réellement trois mètres, il devait avoir une apparence redoutable, vêtu de son armure. Il l'a défié et a essayé de lui barrer la route. L'entraînement du tengu était crucial pour le garçon et il se glissa rapidement devant l'énorme homme qui se tenait devant lui, faisant tomber l'une des armes de Benkei de sa main. Benkei se retourna furieusement et ainsi commença le célèbre combat. Ushiwaka a désarmé le vain combattant et est clairement sorti vainqueur du combat. L'attitude de Benkei envers la vie a changé à partir de ce moment-là.

Il supplia d'être pardonné par le jeune homme qui se montra non seulement plus habile dans l'art de l'épée, mais aussi plus honorable. Benkei a proposé de devenir le serviteur et le compagnon d'Ushiwaka dans la querelle contre les Taira. Cette offre fut acceptée et, dès cette première rencontre, Yoshitsune et Benkei furent inséparables et leurs noms sont liés à la fois dans l'histoire et la légende.

Yoritomo, le demi-frère aîné de Yoshitsune, était jaloux du couple, malgré l'aide qu'ils lui apportaient contre les Taira. Finalement,

Yoshitsune a dû fuir vers le nord du Japon pour échapper à son frère après la victoire finale des Taira. Cette jalousie démesurée que Yoritomo ressentait envers Yoshitsune semble avoir frôlé la folie.

Yoshitsune était très fidèle à la cause des Minamoto et aurait certainement été utile à son frère dans les premiers jours du shogunat de Kamakura. Mais peut-être aurait-il été trop utile : Yoritomo avait en lui le style du dictateur.

La légende veut que Yoshitsune ait été tué par les serviteurs de Yoritomo, que sa tête ait été conservée dans du saké et renvoyée à Yoritomo à Kamakura, et que Benkei soit mort en tentant de défendre son maître.

Une autre version de leur fin est qu'ils se sont fait hara-kiri lorsqu'ils ont vu qu'il n'y avait aucun espoir de survivre à l'attaque organisée par Yoritomo.

Enfin, une autre version voit Yoshitsune se rendre à Yezo (Hokkaido), puis sur le continent asiatique. On peut supposer que Benkei l'a accompagné. Mais il est également admis que Benkei est mort pour son maître, une conclusion appropriée à la vie d'un homme qui était surnommé Oni-waka ou "Jeune Diable" dans son enfance pour sa violence et qui, grâce à sa rencontre avec le jeune Yoshitsune, est devenu un guerrier à la galanterie loyale, un attribut renforcé par sa force sur-naturelle.

Yoritomo, malgré sa cruauté et sa jalousie contre nature envers son frère, doit être considéré comme un héros. Il n'était pas seulement le premier shogun, il était aus-si le vainqueur de la bataille de Dannoura, la bataille navale au cours de laquelle le clan Taira a été anéanti. Après avoir établi son administration à Kamakura, il a fondé un système de gouvernement par le biais de gouverneurs militaires et le féodalisme militaire a été le modèle accepté pour les années à venir. Quoi que l'on puisse penser de lui, il régnait avec dévotion sur ses serviteurs, dont Asahina Saburo qui entre certainement dans la catégorie classique des héros. Il est souvent décrit comme capable de lancer des rochers avec une force surhumaine, et on dit aussi qu'il était capable de nager avec un requin vivant sous les bras. L'équipe de Taira avait aussi ses héros. Le Kagekiyo appartient à la seconde partie du 12ème siècle. Il était l'un de ceux qui ont tenté de tuer Yoritomo. Lorsque la défaite finale des Taira est arrivée, Kagekiyo a retiré ses yeux plutôt que d'assister à la victoire des Minamoto.

1. ATSUMORI ET KUMAGAI

Avant la bataille de Uannoura, il y a eu une bataille terrestre près de Kobe, à Ichi-no-tani. Yoshitsune et Benkei
furent les vainqueurs, et Benkei suggéra que le château
tenu par les Taira soit pris d'assaut depuis la montagne
escarpée qui le surplombe et qui se trouve derrière.
Atsumori était un jeune héros du côté des Taira dans
cette rencontre. Il n'avait que 16 ans et se battait comme
un homme. Il était le petit-fils du chef Taira, Kiyomori.
Lorsque la bataille d'Ichi-no-tani s'est terminée et que
les forces Taira ont fui, Atsumori est resté au château.
Il a tué trois guerriers Minamoto et s'est précipité sur
la plage. Mais les forces de Taira avaient été tuées ou
emmenées sur leurs bateaux.

Un général Minamoto nommé Kumagai s'est approché
et s'est moqué du soldat Taira parce qu'il était seul. Atsumori a sorti son sabre et un duel s'est engagé. La force
et l'expérience supérieures de Kumagai ont été déci-
sives et il a ordonné à Atsumori d'enlever son casque
avant d'être décapité. Kumagai a alors vu qu'il avait fait
un duel avec un garçon. Son fils avait été tué plus tôt ce
jour-là, et lorsqu'il a appris par le jeune homme de qui il
s'agissait, il a hésité à procéder à l'exécution. Atsumori

ne demanda aucune pitié, et peut-être parce qu'à ce moment-là les forces de Minamoto sous le commandement de Kumagai atteignaient la plage, il n'en reçut aucune. Kumagai n'était pas la première figure héroïque à connaître une telle tentation, et certainement pas la dernière. Mais ses partisans ne l'ont pas vu faire preuve de pitié envers un ennemi. Après avoir tué Atsumori, il a jeté ses robes et lorsque la bataille navale qui a suivi dans le détroit de Shimonoseki a été livrée et gagnée, Kumagai est devenu moine à Kyoto. Il s'est assuré que la tête d'Atsumori soit donnée au père du garçon.

1. LES QUARANTE-SEPT RONIN

Les héros des Quarante-sept Ronin appartiennent au début du 18e siècle et leur histoire a depuis lors captivé l'imagination populaire. En 1702, sous le shogunat Tokugawa, deux daimyo ont été choisis par le shogun pour accueillir une ambassade de la cour impériale de Kyoto à Yedo.

L'un des officiers du shogun, nommé Kira Kozuke-no-Suke, fut chargé de leur enseigner le cérémonial nécessaire. Selon la coutume, les deux daimyo lui offrirent des cadeaux en échange de cette instruction, mais il était un homme grossier et considérait les cadeaux indignes des services qu'il leur rendait. Il méprisait les deux nobles pour leur manque de connaissance de l'étiquette de la cour et pour ce qu'il considérait comme une récompense dérisoire pour ses connaissances supérieures. L'un des daimyo avait un conseiller qui, réalisant que la situation devenait dangereuse, a secrètement versé à Kira

Kozuke-no-Suke une grosse somme d'argent. Mais l'autre daimyo, dont le nom était Asano, n'avait pas un tel ami. Kira Kozukeno-Suke, dans sa mesquinerie, a commencé à insulter ouvertement la pauvreté apparente et le manque d'apprentissage de cet élève. À un tel comportement, il ne pouvait y avoir qu'une seule réponse, la préservation de l'honneur par la mort de l'officiel du shogun. Alors que les deux daimyos reçoivent des instructions dans le palais du shogun, Kira Kozuke-no-Suke fait une remarque particulièrement insultante à Asano lorsque le daimyo perd son sang-froid et se jette sur lui avec sa dague. Kira Kozuke-no-Suke n'a été que légèrement blessée. Asano a été saisi par d'autres fonctionnaires du palais. La punition pour une telle infraction dans la résidence du shogun était de se faire hara-kiri. Le daimyo s'est éventré avec le poignard qu'il avait utilisé pour attenter à la vie de Kira

Kozuke-no-Suke. Asano avait 47 serviteurs samouraïs. Après sa mort, ils n'ont eu d'autre choix que de se dissoudre et de devenir des ronin, des samouraïs sans maître. Un des ronin nommé Kuranosuke est devenu leur chef naturel. Pendant presque un an, ils ont agi comme si la mort de leur maître ne nécessitait aucune punition et n'ont jamais été vus ensemble. Mais les plans sont élaborés avec le plus grand soin et la plus grande discrétion, et le soir du 14 décembre 1703, les ronin attaquent la villa de Kira Kozuke-no-Suke. Il neigeait à ce

moment-là et les préposés ne les ont pas entendus arriver. Kuranosuke a attaqué l'entrée principale et son fils de 16 ans l'arrière. Après un dur combat, tous les défenseurs ont été tués ou se sont échappés, sauf Kira Kozuke-no-Suke. Il a finalement été retrouvé caché dans un entrepôt à coal.

Kuranosuke lui a ordonné de se faire hara-kiri, mais il ne l'a pas fait. Kuranosuke l'a donc décapité, non pas d'un coup d'épée, mais avec le poignard que son maître avait utilisé lorsqu'il avait osé se tuer comme on le lui avait ordonné. La tête a été prise par les quarante-sept et déposée sur la tombe du daimyo Asano, dans l'enceinte du temple Sengakuji, à Shiba, dans l'actuelle ville de Tokyo. Enfin, les ronin ont été appelés à se faire hara-kiri, ce qu'ils ont fait, y compris le fils de Kuranosuke. Ils ont été enterrés ensemble et leurs tombes ont été placées à côté de celle d'Asano.

Leurs reliques ont été préservées et sont encore vénérées aujourd'hui. Un film inspiré de cette histoire vraie avec l'acteur Keanu Reeves est également sorti en 2013 : le titre est " 47 ronin ".

1. HEROÏNES

L'héroïsme n'est pas une qualité limitée au sexe masculin. Les légendes et l'histoire du Japon comptent de nombreuses héroïnes. On peut douter de la véracité de certaines des réalisations de l'impératrice Jingo, mais on ne peut douter de son héroïsme.

Et avant cela, l'amant de Yamamoto Date a eu un comportement héroïque. Elle l'accompagne dans la plupart de ses expéditions et finit par se jeter à la merci des dieux de la mer pour arrêter la tempête qui menaçait le navire de son amant. La fille de Kiyomon, la mère de l'empereur Antoku, a sauté dans la mer en portant son fils à la bataille de Dannoura, plutôt que de le laisser tomber entre les mains des Minamoto.

Kesa Gozen appartient au 12ème siècle. Elle était jeune, belle et mariée. Elle et son mari vivaient dans la maison de sa mère. Un de ses cousins, à la fin de son adolescence, est tombé follement amoureux d'elle. Elle repousse les avances du jeune homme et reste fidèle à son mari, dont les fonctions l'éloignent souvent de la maison. Pendant ces années troublées, il était sans doute parti se battre. Le cousin a tenté de gagner les faveurs de Kesa Gozen par l'intermédiaire de sa mère et a fini par menacer la vieille dame, tant sa passion était grande. Finalement, Kesa Gozen craint tellement pour la sécurité de sa mère qu'elle dit à son cousin qu'elle couchera avec lui, mais seulement si son mari meurt - et de sa main. Elle a pris la place de son mari dans le lit la nuit de son retour. Le jeune homme s'est faufilé dans la pièce, mais sa femme n'a pas bougé. Elle connaissait exactement son destin amer. Son cousin l'a poignardée et dans sa propre mort, il a sauvé sa mère et son mari, ainsi que son propre honneur. On ne sait pas toujours si le mari avait l'intention de se faire justice ou non, bien que dans une version de l'histoire il se soit noyé dans sa recherche du meurtrier. La vengeance ne semble pas nécessaire, car le jeune cousin est tellement choqué par ce qu'il a fait qu'il renonce à toute tentative de plaisir humain et devient moine. De toute évidence, cette vie lui convenait, car il est finalement devenu un saint, connu sous le nom de Mongaku Shonin. Une autre héroïne de la fin du 12e siècle est Tora Gozen. Elle était prostituée à Oiso, mais a abandonné son métier pour être avec un homme, Soga no Goro. Avec son frère aîné Juro, il a tenté de tuer le meurtrier de leur père. Cet acte de punition a eu lieu au pavillon de chasse de Yoritomo

près de Kamakura en 1193, après que Yoritomo soit devenu shogun. La tentative a échoué et Juro a été tué. Goro a été décapité avec une épée émoussée. Tora Gozen n'a pas été condamné. La mort de Goro était un supplice suffisant. Terute Hime appartient au 15ème siècle. Comme Tora, elle s'est prostituée avant de devenir une amante fidèle. Le nom de son amant était Oguri Hangwan. C'était un homme avec beaucoup d'ennemis. En une occasion, on l'a incité à prendre un bain contenant du poison qui lui a donné la lèpre. Terute Hime l'a poussé sur une longue distance dans une brouette depuis Kamakura jusqu'à des sources chaudes où, après s'être baigné pendant une semaine, il a récupéré. Pendant ses jours de prostitution, elle a appris l'existence d'un complot visant à droguer, voler et tuer Oguri Hangwan. Mais elle lui a parlé du plan et ils ont fui sa maison ensemble, terminant leur voyage ensemble sur le dos d'un cheval. La loyauté envers le mari ou l'amant face à la défaite ou au danger est un trait commun à toutes ces héroïnes, parfois associée à la loyauté envers une cause.

CHAPITRE 6

L ES HUMAINS ET LES
ANIMAUX

Chaque pays a ses histoires d'animaux qui parlent (il suf-
fit de penser à la figure du serpent dans le jardin d'Eden
avec Adam et Eve) et le Japon ne fait pas exception. Les
animaux jouent un rôle important dans la mythologie
et les légendes, non seulement en tant que tels, mais
aussi en raison de leur relation avec les mortels ou,
dans les récits les plus anciens, avec les divinités. Les
créatures peuvent être reconnaissantes envers les humains ou être espiègles, elles peuvent converser entre
elles et avec les gens. Dans la vie réelle, certaines personnes attribuent des qualités ou des talents humains

aux animaux : dans la mythologie, cette tendance est largement amplifiée.

Le dragon est la plus ancienne créature de la mythologie, mais le renard est la plus ancienne des superstitions. Outre ceux-ci, le chien, le chat et le blaireau reviennent plus fréquemment. Le renard est utilisé comme messager par le dieu du riz Inari : en fait, le dieu est parfois représenté comme un renard. Comme les autres animaux, le renard est capable de se transformer en forme humaine, bien qu'il ne le fasse pas aussi souvent que le serpent ou le dragon.

C'est généralement le serpent qui exige le sacrifice humain, comme dans le cas du dragon dans la queue duquel Susano a trouvé l'épée, et aussi les dieux de la mer ou le dragon à la merci duquel la compagne de Yamamoto s'est jetée.

Les blaireaux ont des tempéraments variés : ils peuvent être des tricheurs, des auto-transformateurs, des amis reconnaissants ou des imbéciles, facilement déroutés par la ruse. Le blaireau est souvent représenté sous les traits d'un moine bouddhiste. Dans ce cas, l'animal symbolise la vertu de la gratitude.

6.1 MYTHES

1. Comment la méduse a perdu ses os

On dit parfois qu'elle était la fiancée du Roi Dragon et parfois qu'elle était une de ses filles qui avait envie de manger le foie d'un singe vivant. Dans un document, un prêtre du Royaume du Dragon sous-marin lui a conseillé de manger ce genre de nourriture pour guérir une maladie. Il est connu que les envies de certains aliments accompagnent certaines grossesses et on peut supposer que la divinité dragon était enceinte. L'histoire se déroule à une époque où les méduses avaient des os, des nageoires, une queue et des pieds.

Une de ces créatures a été envoyée à terre pour chercher un singe. Une victime a rapidement été trouvée sur le rivage et a accepté l'invitation à voir les merveilles du royaume marin. Cependant, sur le chemin du palais du Roi Dragon, la méduse a expliqué au singe le but de l'invitation. Le singe répondit que son foie étant très lourd, il le sortait généralement pendant la journée et qu'il devait aller le chercher dans l'arbre où il avait été laissé. La méduse a donc ramené le singe à l'endroit où ils s'étaient rencontrés. Montrant un arbre, le singe dit qu'il pensait qu'on lui avait volé son foie, mais qu'il irait à la recherche de l'organe manquant et qu'entre-temps la méduse devrait retourner à la mer et expliquer ce qui s'était passé. Lorsque le roi dragon a entendu l'explication, il a donné à la méduse la forme qu'ont maintenant ces créatures, et le désir d'un foie de singe vivant a disparu ou la divinité dragon femelle s'est remise de sa maladie sans son aide.

Cette histoire a également une version alternative dans laquelle la pieuvre prend le rôle de la méduse, de la même manière que ses os sont retirés pour la punir d'avoir été trompée par la ruse du singe.

1. Inimitié entre les singes et les crabes

Dans cette histoire (il existe de nombreuses interprétations), le singe ne s'en sort pas si bien. Il a échangé un morceau de gâteau de riz avec un crabe contre une graine de kaki. En très peu de temps, la graine devint un arbre couvert de fruits, et le crabe demanda au singe de cueillir le kaki car il était incapable de le faire lui-même. Le singe a mangé les fruits mûrs et a jeté les kakis non mûrs sur le crabe, qui a immédiatement répliqué en criant une série d'obscénités au singe.

Le singe rancunier a ensuite déféqué dans l'antre du crabe. Les représailles ont été faciles pour le crabe : il a saisi les fesses du singe avec ses pinces et ne les a pas lâchées avant que l'animal ne lui donne un peu de sa fourrure. C'était une demande étrange pour un crabe, mais on dit que cela explique pourquoi certaines espèces de crabes ont des poils sur leurs pinces.

Dans une autre version, alors que le début de l'histoire est sensiblement le même, le crabe réagit violemment, non pas au geste du singe à l'entrée de sa maison, mais à l'humiliation de se voir jeter son propre kaki. Il a demandé l'aide de divers objets et même celle d'une abeille. Le singe a été invité dans la maison du crabe et a ensuite été gravement brûlé par un œuf enflammé, piqué au visage par une abeille, lâché en marchant sur des algues placées stratégiquement, et enfin écrasé par un mortier.

Dans une autre version, la guerre était déclarée entre tous les singes et tous les crabes, et le visiteur de la maison des crabes était le roi des singes, qui venait seul pour discuter des termes du traité. Diverses tortures lui ont été infligées et l'armée des crabes a fini par le pincer à mort. Les lois de la nature n'incluent pas la gentillesse dans le monde animal. Ceci est évident dans la légende des animaux, avec son accent sur la vengeance et la tromperie.

Mais l'affection qui existe entre tant d'hommes et leurs chiens semble être mondiale : elle apparaît certainement dans les histoires de chiens et de leurs propriétaires au Japon.

Les mariages surnaturels entre mortels et animaux peuvent avoir un lien avec la chaleur avec laquelle certains hommes et femmes, au cours des siècles, ont considéré les animaux, et en particulier leurs animaux de compagnie.

1. Le chien reconnaissant

Une autre histoire raconte qu'un homme gagnait de l'argent en possédant des vers à soie, mais que c'était sa femme qui s'occupait de lui et faisait tout le travail pour enrouler le fil de soie à partir des cocons. Une année, les vers à soie sont morts et, réalisant qu'il n'y aurait pas de revenus de la soie, le mari a chassé sa femme de la maison. Il n'a rien emporté d'autre que le seul ver à soie survivant, quelques feuilles de mûrier pour le nourrir et le chien de la famille. Un jour, le chien a mangé le ver à soie (probablement par pure faim, car cet animal n'entre pas dans la catégorie des méchants) mais la femme a résisté à la tentation de le tuer pour se venger d'avoir mangé son seul autre compagnon. Peu de temps après, le chien s'est blessé au nez et la femme, en le soignant, a remarqué qu'un fil fin pendait d'une narine. Ce fil était de la pure soie. Elle l'a enroulée sur une bobine, puis sur de nombreuses bobines, car le chien continuait à produire une grande quantité de soie. Après la vente de ces bobines, le chien est mort.

Elle enterra le corps sous un mûrier et soudain, après avoir remercié Bouddha pour le chien qui lui avait donné la vie, une masse de vers à soie apparut sur les feuilles de l'arbre. Elles ont mûri à une vitesse anormale et, très vite, la femme a dévidé une soie d'une qualité si magnifique qu'elle a pu la vendre à la cour impériale. Son mari, sachant cela, se repentit rapidement de sa paresse et de sa cruauté précédente et la rejoignit. De l'esprit du chien est née la richesse avec laquelle le couple a vécu à partir de ce moment-là.

1. L'abeille reconnaissante

Les oiseaux et les animaux ne sont pas les seuls à faire preuve de gratitude : les insectes aussi font preuve de cette vertu. Un guerrier, vaincu au combat, se réfugie dans une grotte. Il a remarqué une abeille piégée dans une toile d'araignée et l'a libérée. Cette même nuit, alors qu'il dormait, il a rêvé d'un homme vêtu de brun qui lui a dit que c'était l'abeille qui avait été libérée et qu'elle l'aiderait à gagner sa prochaine bataille. L'homme en brun a exhorté le rêveur à se battre même s'il n'avait que quelques partisans et, avant même de planifier la campagne, à construire un hangar rempli de récipients ou de pots. Le héros de l'histoire a construit une cabane dans la forêt et, après avoir collecté de vieilles jarres et de vieux pots, a rassemblé ses pauvres serviteurs qui se cachaient. Les abeilles voisines sont venues s'installer dans les réceptacles préparés pour elles. Lorsque les forces ennemies ont appris que le guerrier était à nouveau libre avec sa poignée de partisans, elles ont attaqué son petit abri forestier. Les abeilles ont gagné.

1. Canards mandarins

De nombreux récits sur le monde animal prennent la forme d'une vision ou d'une transformation en rêve. Par exemple, il y a l'histoire d'un homme qui a tiré sur un couple de canards mandarins, tuant le mâle. Ces oiseaux sont associés à des mariages heureux et, pour cette raison, sont rarement chassés. Cependant, cet homme en particulier avait besoin de nourriture. Cette nuit-là, il a rêvé qu'une belle femme entrait dans sa chambre, pleurait et l'accusait d'avoir tué son mari. Elle lui dit de se rendre à l'endroit où il avait chassé la veille pour apprendre son crime, car, dit la femme du rêve, elle ne savait toujours pas ce qu'il avait fait. Ce rêve était si réel pour lui qu'il retourna au bord de la rivière, cette fois sans prendre son arc et son carquois avec lui. De là où il se tenait, il a vu un canard mandarin nager seul. Au lieu de se retourner, il s'est approché de lui et, sortant de l'eau et le fixant intensément, il a soudainement baissé la tête et s'est déchiré la poitrine avec son bec, se tuant. On dit que cet homme est ensuite devenu un moine célibataire plein de remords.

Une autre histoire porte sur l'affection entre ces oiseaux aquatiques, mais c'est aussi une histoire de gratitude. Un canard a été attrapé et gardé dans une cage par un homme riche, mais c'est son domestique qui s'en occupe. L'oiseau n'a pas mangé. Une servante de la famille lui a conseillé de le relâcher, car il était manifestement en manque de sa compagne et mourrait inévitablement en captivité. Le propriétaire du canard mandarin était furieux lorsqu'il a constaté que l'oiseau n'était plus dans sa cage et, soupçonnant le domestique de l'avoir libéré, il l'a traité avec une indifférence proche de la cruauté. La femme de chambre a été très bouleversée par les abus subis par son collègue, dont elle était en partie responsable. Unis par le chagrin, le couple est tombé amoureux. À partir de ce moment-là, les ragots allaient bon train dans la famille au sujet de leurs sentiments l'un pour l'autre, et le chef de famille finit par conclure que tous deux étaient responsables de l'avoir privé de son oiseau de compagnie.

Ce furent des jours sans pitié, car il ordonna que leur châtiment commun soit la mort par noyade. Au moment où cette sentence était sur le point d'être exécutée, deux messagers du gouverneur de la province sont arrivés avec la nouvelle que la peine capitale avait été abolie dans

la province et que tous les condamnés devaient être conduits immédiatement auprès du gouverneur. L'homme riche ordonna en toute hâte que ses deux serviteurs soient détachés et emmenés par les messagers. La marche jusqu'à la capitale est longue, et les serviteurs suivent les officiels, qui ne leur adressent pas la parole. Soulagés par la trêve, inquiets de ce que l'avenir leur réserve et épuisés, ils se traînent lentement jusqu'à ce qu'ils se rendent compte que les hommes qu'ils suivaient ont disparu et sont perdus. Ils ont passé la nuit dans une vieille hutte et lorsque les amoureux se sont endormis, des messagers leur sont apparus, leur disant qu'ils étaient le couple de canards mandarins, qui avaient été réunis grâce à eux. À leur réveil, le couple a vu un couple de canards à l'entrée de la hutte, qui ont incliné la tête en guise de salut et se sont finalement envolés ensemble. Les domestiques ne sont jamais retournés chez leur maître, mais ont pris un emploi dans un autre district où ils se sont mariés.

1. Chats maléfiques

Les chats peuvent être aussi méchants que les blaireaux, comme le montre le comportement de l'un d'entre eux envers un jeune garçon, bien qu'il n'ait pas utilisé une torture mentale aussi raffinée.

Le garçon chassait quotidiennement avec seulement un arc et dix flèches. Un jour, sa mère l'a persuadé d'en prendre un de plus, disant qu'il pourrait en avoir besoin. Il a tiré sur rien toute la journée et au lever de la lune, il s'est adonné à la coutume japonaise de regarder la lune.

Il n'est pas rare que les gens organisent des soirées d'observation de la lune (pour s'asseoir et contempler pendant que la lune se lève). Alors qu'elle était assise là, elle a remarqué qu'une seconde lune apparaissait dans le ciel. Il a soupçonné qu'il s'agissait d'une lune démoniaque et a tiré toutes les flèches sur elle en succession rapide. Dix d'entre eux rebondirent, mais le dernier fit émettre à la deuxième lune un cri effrayant et un fracas suivit dans le sous-bois. Le garçon courut sur place et trouva un énorme chat mort, avec la onzième flèche dans son cœur et un grand miroir entre ses pattes. Le garçon a regardé la lune et a couru chez lui, racontant à sa mère son étrange expérience. Sa mère l'a informé qu'elle avait vu ce matin-là un chat compter des flèches dans son carquois et qu'elle avait craint qu'il ne le fasse avec de mauvaises intentions. D'où sa demande de prendre une flèche supplémentaire. Avec un tel pressentiment, la plupart des mères auraient sûrement insisté pour que l'enfant soit accompagné à la chasse ou qu'il prenne plus d'une flèche supplémentaire. Cependant, son intuition qu'une flèche suffirait s'est avérée tout à fait correcte.

Un village entier a été victime d'une compagnie de chats surnaturels. Ces créatures exigeaient, et recevaient, le sacrifice d'une vierge une fois par an. La peur des chats était telle que les villageois choisissaient une fille par tirage au sort chaque année. Un guerrier voyageur a entendu dire que cette horrible procédure venait d'avoir lieu pour le sacrifice annuel. Il a supplié les parents de la victime choisie de la surveiller de près pendant la nuit prévue et de lui donner la cage dans laquelle la jeune fille était toujours placée pour être offerte aux chats. Dans un rêve, il apprend que les créatures sont terrorisées par un dénommé Schippeitaro. Il a fait une enquête locale et a découvert que ce nom appartenait à un chien. Il a retrouvé son propriétaire et a emprunté

l'animal. Le chien a ensuite été mis dans une cage et emmené à l'endroit de la forêt où une jeune fille pétrifiée avait été abandonnée à son sort les années précédentes. Un groupe de chats d'un autre monde, mené par un chat plus grand et plus effrayant que les autres, est apparu et a dansé autour de la cage. Après bien des railleries et des cris, le gros chat a ouvert la porte de la cage. Schippeitaro a bondi et a attrapé le chat par la gorge. Le guerrier a alors décapité le chat tandis que les autres s'enfuyaient en gémissant.

1. Le lièvre blanc d'Oki

Les plus anciennes histoires d'animaux, hormis celles concernant les serpents ou les dragons, parlent d'un lièvre. Il apparaît dans le Kojiki mais pas dans le Nihon-gi. La principale divinité mortelle y est Oh-kuni- nushi, Grand Maître de la Terre, dont le mariage avec la fille de Susano a déjà été décrit. Le cadre est à nouveau Izumo et l'île d'Oki.

Il y avait sur l'île un lièvre blanc qui avait un grand désir de visiter la péninsule d'Izumo, la région connue sous le nom d'Inaba. Il ne savait pas nager et a rejoint le continent par la ruse. Il y avait des crocodiles tout le long de la côte d'Oki et le lièvre a argumenté avec l'un d'eux qu'il y avait plus de lièvres sur Oki que de crocodiles dans la mer. Afin de pouvoir compter le nombre de crocodiles, le lièvre les a fait s'aligner dans l'eau et en sautant à l'arrière, en comptant au fur et à mesure, il a atteint la côte d'Izumo. Le dernier crocodile a deviné la raison des activités du lièvre et l'a entièrement dépouillé de sa fourrure alors que l'animal sautait sur la plage. C'est dans cet état dénudé qu'un groupe de frères, en route pour faire la cour à la princesse d'Inaba, a trouvé le lièvre. Ils se sont moqués d'elle et lui ont suggéré que si elle se lavait à l'eau de mer et s'allongeait dans le vent, sa fourrure repousserait. Bien sûr, ce traitement était inutile et lorsque le plus jeune des frères, Oh- kuni-nushi, arriva sur la plage, le lièvre souffrait beaucoup. Oh-kuni-nushi a baigné le petit animal dans de l'eau fraîche et a saupoudré sa peau de pollen. La fourrure blanche a repoussé. Le lièvre conversa avec Oh-kuni- nushi et lui raconta comment elle était arrivée sur la péninsule. Il a appris que son sauveur, bien que son jeune frère, souhaitait faire la cour à la princesse d'Inaba. Ils ont voyagé ensemble et ont découvert que la princesse avait rejeté tous les autres frères comme prétendants. Elle fut fascinée par Oh-kuni-nushi et son petit compagnon, et le couple se maria. Oh-kuni-nushi est devenu souverain à Izumo et le lièvre blanc d'Oki est resté dans la maison du couple.

1. Le blaireau et le lapin

Robert J. Adams, le traducteur des "Folktales of Japan" de Keigo Seki, déclare dans la conclusion de l'histoire Kachi Kachi Mountain qu'il existe environ 88 versions de l'histoire au Japon. Il comprend trois motifs communs :

1. le blaireau est mauvais;

2. les humains sont capables de converser avec le règne animal ;

3. une transformation animale.

Un homme a pris un blaireau embêtant et, après l'avoir attaché, a demandé à sa femme d'en faire de la soupe. Le blaireau supplia la femme de le laisser partir, promettant de l'aider à cuisiner. Séduite par ses supplications, elle l'a détaché, après quoi il l'a tuée, a pris son apparence physique, s'est habillé comme elle et a commencé à préparer une soupe avec sa carcasse. Toujours sous l'apparence de la femme de l'homme, le blaireau offrit à son ravisseur la soupe, que l'homme mangea avec délectation. Ce n'est qu'alors que l'animal reprenait sa forme réelle. Il s'est moqué de l'homme malheureux qui avait mangé sa femme et s'est enfui. Un lapin, qui était depuis longtemps un ami du couple, entendit parler de ce tour effrayant joué à l'homme et, déterminé à se venger du blaireau, le convainquit d'emporter un paquet de bâtons en haut d'une montagne. Le lapin a grimpé derrière et a mis le feu au paquet.

Le blaireau entendit le bruit de brindilles brûlées, mais on lui assura que ce bruit était celui de l'oiseau Kachi Kachi. Cet oiseau n'existe pas : le mot est une onomatopée désignant un clic ou un claquement. Le blaireau a été sévèrement brûlé, mais il a été une fois de plus moqué par le lapin qui a mis une pâte de piment sur son dos déjà douloureux, apparemment pour aider à sa guérison. Le lièvre blanc d'Oki a été trompé de la même manière, mais pas par vengeance.

Mais le lapin avait une autre punition en réserve. Le blaireau crédule a été persuadé de construire un bateau en argile. C'est ainsi qu'il s'est mis en route pour attraper le poisson, tandis que le lapin l'accompagnait. Lorsque l'argile s'est ramollie et que le blaireau a essayé de s'échapper

de son bateau en ruines, le lapin l'a frappé avec une rame et l'a tué, laissant son corps flotter sur la rivière.

1. Papillons parents

Il ne fait aucun doute que les croyances religieuses des Japonais ont influencé leurs croyances concernant les animaux. L'idée que tout, animé ou inanimé, a un kami ou une âme est d'origine shinto. Le bouddhisme n'a pas activement découragé cette croyance, et l'une des grandes vertus bouddhistes est la gratitude, que ce soit pour un service rendu ou pour une bonne éducation familiale. Un exemple de piété filiale se trouve dans une légende sur les papillons.

Un jeune homme dont le métier et le hobby étaient le jardinage a épousé une jeune fille qui avait le même intérêt pour la vie végétale. Ils ne vivaient que l'un pour l'autre et pour leurs arbustes et leurs plantes. À l'âge mûr, ils ont eu un fils, qui a hérité de l'amour des fleurs de ses parents. Les parents sont morts à quelques jours d'intervalle de vieillesse, alors que leur fils était encore jeune. Le garçon prenait soin du jardin de ses parents et des plantes qui s'y trouvaient car il pensait qu'elles contenaient les esprits de sa mère et de son père décédés. Au cours du premier printemps qui a suivi leur mort, il a vu deux papillons dans le jardin tous les jours. Il cultiva les plantes sur lesquelles il vit que les papillons aimaient se poser et, alors que le printemps se transformait en été, il rêva une nuit que ses parents étaient revenus au jardin et qu'ils s'y promenaient ensemble, observant soigneusement chaque plante, comme le font les jardiniers. Soudain, le couple dans le rêve s'est transformé en papillons et, sous cette forme, a continué à examiner chaque fleur. Le lendemain matin, le même couple de papillons était, comme d'habitude, dans le jardin et le garçon sut alors que l'âme de ses parents reposait dans les papillons et qu'ils profitaient toujours de leur jardin de cette manière.

1. Le cheval Ikezuki

Sasaki Takatsuna est monté à bord de l'Ikezuki pour traverser la rivière Uji avant la deuxième bataille d'Uji, comme le montre une gravure d'Utagawa Kuniyoshi.

La relation entre l'homme et les créatures ne se limite pas au purement surnaturel. Très souvent, les héros ont des chiens ou des chevaux qui partagent la capacité de leur maître : Momotaro, par exemple, était accompagné dans sa quête par des animaux gardiens, avec lesquels il pouvait converser. Mais le cheval Ikezuki, bien que devenu un animal légendaire, était autrefois un destrier parfaitement normal.

Entre 1177 et 1181, il y avait une foire aux chevaux annuelle à Asuma. À cette époque, Ikezuki est né. Il a perdu sa mère quand il était un jeune poulain et un jour, voyant son propre reflet dans le bassin d'une chute d'eau, il a pensé que c'était sa mère et a sauté pour rejoindre la jument. C'est ainsi qu'Ikezuki a appris à nager tout seul après plusieurs tentatives pour rejoindre sa mère. Le propriétaire du cheval a engagé un marchand pour emmener Ikezuki à la foire et en chemin, ils sont arrivés à une rivière qui débordait de ses berges à cause de la fonte des neiges. De l'autre côté, des colonnes de chevaux et de bétail étaient amenées à la foire et Ikezuki a sauté dans l'eau vive, nagé dans la rivière, puis galopé seul, avant les autres animaux, jusqu'à la foire. En temps voulu, le marchand de chevaux est arrivé, mais personne n'a acheté l'étalon fougueux, car les marchands avaient peur de lui, surtout à cause de la façon curieuse dont il était arrivé seul. Sur le chemin du retour vers son propriétaire, le commerçant, qui conduisait Ikezuki, a rencontré un homme qui a regardé le cheval et a levé six doigts. Le commerçant pensait que l'homme achèterait l'animal pour six cents pièces de cuivre

et comme il n'y avait pas d'autre moyen de vendre, il a remis Ikezuki. Mais en échange, il a reçu six cents pièces d'argent et l'acheteur a déclaré qu'il pensait que le cheval valait beaucoup plus. Plus tard, Ikezuki a été acheté par Yoritomo, le vainqueur de la bataille de Dannoura en 1185, lorsqu'il a fondé son shogunat à Kamakura.

1. Tametomo et son chien

Tametomo a déjà été mentionné pour son rôle dans les luttes contre les Taira lors des guerres civiles du 12ème siècle. Il était l'oncle de Yoshitsune, et on se souvient principalement de lui pour son habileté à manier l'arc et les flèches.

Il y a une histoire fascinante à propos de lui et de son chien, l'une des nombreuses histoires que l'on trouve dans le folklore de chaque pays sur la loyauté d'un chien envers son maître. Dans sa jeunesse, Tametomo a été envoyé par son père dans une autre province pour vivre avec une autre famille. Apparemment, sa bonne humeur était trop forte pour la discipline normale de ses parents. Le chien du garçon l'a accompagné dans son voyage, ainsi qu'un domestique. En chemin, l'homme et son serviteur se sont reposés sous un pin et, dans la tradition japonaise, ont admiré la vue. Le chien de Tametomo a soudainement commencé à sauter autour de lui, en aboyant frénétiquement. En colère, il l'a décapité avec son épée.

Mais au lieu de tomber, la tête de la créature a volé dans un pin où elle a attaqué et tué un dangereux serpent. L'arbre, le serpent mort et la tête du chien sont tombés sur le sol.

Il est évident que Tametomo a regretté son emportement, et lui et le serviteur ont enterré la tête et le corps du chien dans une tombe soigneusement creusée.

Tametomo s'en sort mal dans ce récit, mais ses actions ultérieures donnent à l'histoire et à la légende des raisons d'être reconnaissant envers l'animal de sa jeunesse.

1. Pots de location

Les blaireaux sont souvent considérés comme nuisibles dans le folklore japonais.

Il y avait un blaireau appelé Dankuro qui vivait dans une grotte. Lorsqu'un château voisin a été pillé, Dankuro s'y est rendu et a rassemblé un grand stock d'ustensiles de cuisine. Dankuro a décidé de prêter ce butin aux humains pour les utiliser lors des fêtes de famille. Il a clairement indiqué que si les casseroles n'étaient pas ramenées dans sa grotte, il ne les prêterait plus jamais, ce qu'il a fait sans paiement ni récompense. Lorsqu'une personne ne rendait pas un bol, Dankuro ne se contentait pas de cesser de prêter les marchandises du château, mais causait de nombreux dégâts dans les champs environnants, puis mettait le feu à un tas de bois de chauffage à l'entrée de la grotte. Dankuro et les ustensiles de cuisine volés n'ont jamais été revus.

Richard M. Dorson, dans son livre "Folk Legends of Japan", décrit l'histoire de Dankuro comme une variation de celle du kappa qui attaqua un cheval en essayant de le traîner dans l'étang où il vivait. Le cheval a essayé de se libérer d'un coup de pied, mais l'eau s'est déversée de la tête du kappa et sa force a disparu. Le propriétaire était furieux contre le kappa, mais lui a pardonné en sachant qu'il lui prêterait des bols sans aucune compensation, chaque fois qu'il voudrait recevoir des invités. Il fallait donc toujours trouver les boules dans la cour de l'écurie la veille du banquet et les retirer de la cour après leur utilisation. Mais un voisin a volé un ensemble d'ustensiles après que le propriétaire du cheval les ait mis dehors, et à partir de ce moment-là, Kappa n'a plus présenté aucun de ses ensembles loués ou empruntés.

1. Le moineau à la langue coupée

Une autre histoire de conversation entre les animaux et les humains est la célèbre histoire du moineau à la langue coupée. La version moins connue de ce conte est très courte. Une vieille femme a soigné un moineau malade, puis l'a laissé partir. Il s'est envolé puis est revenu, lui donnant une petite graine et lui disant de la planter. C'est ce qu'elle a fait et elle a produit une très grande récolte de citrouilles pleines de délicieuse pulpe. Les calebasses séchées constituaient ainsi une réserve inépuisable de riz pour la gentille vieille femme. Son voisin envieux, déterminé à avoir une telle fortune, a heurté un moineau, l'a assommé puis s'est occupé de lui jusqu'à ce qu'il se rétablisse. Une fois de plus, il reçut en cadeau une seule graine, mais celle-ci produisit une plante pauvre, et la pulpe des quelques citrouilles qu'elle portait était immangeable. Elle a séché les fruits restants, espérant au moins avoir une réserve infinie de riz. Les quelques citrouilles étaient lourdes et elle pensait que son riz serait effectivement auto-cicatrisant. Cependant, les gourdes contenaient des abeilles, des scorpions, des mille-pattes et d'autres insectes qui l'ont piquée à mort.

La version la plus connue de ce conte est à peu près la même. La mauvaise voisine, une blanchisseuse, a coupé la langue d'un moineau pour le punir d'avoir picoré son amidon de riz. L'oiseau, qui avait été nourri régulière-ment par le vieux couple voisin, s'est envolé et le couple bienveillant est parti à sa recherche. Ils l'ont trouvé et le moineau leur a fait choisir entre deux boîtes à emporter, après avoir été divertis par un festin et un spectacle de danse. Les anciens ont choisi la plus petite boîte et lorsqu'ils l'ont ouverte, ils ont trouvé une quantité infinie de richesses : de l'or, des soies et des pierres précieuses. La lavandière se mit, motivée par l'envie, à la recherche du moineau à la langue coupée. Elle était tout aussi amusée et avait le choix entre deux boîtes à emporter avec elle. Elle choisit le plus grand et en l'ouvrant, elle fut saisie par une horde de démons qui la dévorèrent.

1. Le blaireau et le renardeau

De nombreuses histoires d'animaux n'impliquent les humains qu'accessoirement. Un blaireau et un renard avec son petit vivaient près l'un de l'autre et étaient, vraisemblablement, amis. Ils avaient été privés de leur proie par des chasseurs humains dans la forêt, et dans leur besoin désespéré de nourriture, il a été convenu que le renard se transformerait en homme, vendrait le blaireau (qui prétendait être mort) et avec l'argent reçu achèterait de la nourriture et retournerait dans la forêt, quand le blaireau serait déjà reparti. Le renard a pris la forme d'un homme et le plan a fonctionné de manière satisfaisante. Le blaireau a alors proposé d'inverser l'ordre. Cependant, lorsqu'il a repris sa forme humaine, il a dit au marchand à qui il avait vendu le renard (qui faisait le mort) que l'animal n'était en fait pas mort du tout. Le marchand a donc tué le renard et l'homme blaireau a fait quelques achats et est retourné dans la forêt sous sa forme normale. Il a dit à l'ourson que sa mère était morte et n'a même pas permis à la petite créature de partager la nourriture qu'il avait rapportée. Le petit s'est donc vengé. Il a proposé une compétition dans laquelle ils devraient réapparaître sous forme humaine à tour de rôle et celui qui devinerait la véritable identité de l'autre gagnerait. Le blaireau, sensible à la flatterie et crédule comme le sont souvent les blaireaux, tomba dans le panneau et permit au louveteau d'effectuer sa transformation en premier. Mais le jeune renard ne fit rien de tel : il se cacha derrière un arbre près de la route du village. Le blaireau le suivit et lorsqu'un cortège conduit par le gouverneur de la province locale passa, il sauta dans la rue en criant qu'il avait deviné que le gouverneur était le petit. Ce comportement était surprenant et en un clin d'œil, les serviteurs de la procession ont tué le blaireau, à l'amusement et au plaisir du renardeau qui observait.

1. Le taux de la bouilloire

Il y a l'histoire d'un renard mais plus généralement d'un blaireau qui s'est transformé en bouilloire. Il a fait cela pour rembourser le bûcheron qui lui avait sauvé la vie, et le bûcheron a vendu la bouilloire à un moine. La bouilloire n'aimait pas la vie dans le temple, où elle était non seulement polie mais utilisée sur le feu. Il retourna donc chez le bûcheron, redevable envers lui, après avoir effrayé les acolytes du temple en bougeant et en criant de douleur. Il a continué à gagner de l'argent, cette fois en dansant. Le bûcheron est devenu un amuseur ambulant, tandis que la bouilloire dansante divertit. Selon une autre interprétation, le blaireau, n'aimant pas être utilisé comme bouilloire dans le temple, s'est transformé en prostituée. Il a rapporté de l'argent à son nouveau propriétaire à qui le bûcheron l'a vendu (en disant que le "blaireau" était sa fille) pour une grosse somme. Mais le blaireau finit par se lasser de cette occupation et devient un cheval. Là encore, son sauveteur l'a vendu pour une somme d'argent considérable. Cependant, le blaireau est mort de son labeur sous la forme d'un cheval, car s'il était capable de transformer sa forme, il était incapable d'imiter la force d'un cheval. Dans les versions de l'histoire où les transformations en prostituée et en cheval sont omises, le blaireau de la bouilloire dit à son propriétaire qu'il va mourir, auquel cas il est la bouilloire du temple et n'est pas utilisé mais vénéré, ou bien il est rendu au prêtre propriétaire avec la consigne de ne pas l'utiliser ou de le polir et vit alors heureux pour toujours.

CHAPITRE 7

A UTRES MYTHES

1.Le papillon blanc

Il y a une histoire d'amour romantique qui n'a rien à voir avec Benten mais qui concerne une âme morte qui apparaît sous la forme d'un papillon. C'est une forme habituelle dans la tradition japonaise. Il y avait un céli-bataire qui est mort dans ses soixante-dix ans. Il a vécu seul pendant des années et était un reclus, mais comme sa maladie s'aggravait, il a invité la veuve de son unique frère et son neveu à venir le voir. Il les aimait tous les deux, même s'il les voyait rarement. Un jour, alors qu'il était assis avec son oncle, le jeune homme vit un énorme papillon blanc entrer dans la pièce. Il a volé, puis s'est perché sur l'oreiller du vieil homme. Le neveu a essayé de le chasser mais il a persisté. Craignant qu'elle ne rende le malade agité, il a continué à essayer de la faire voler hors de la maison. Le jeune homme se demanda alors s'il ne s'agissait pas d'un mauvais esprit, tant son comportement était anormal. À ce moment-là, le papillon, de son plein gré, s'est envolé directement par la fenêtre. Les soupçons du garçon ont augmenté et il l'a suivie. Son patient était endormi et pouvait être laissé en toute sécurité. Le papillon blanc a volé directement vers le cimetière local, qui se trouvait juste en face de la maison. Il est allé directement dans une tombe et a disparu. Alors qu'il disparaissait, le neveu est rentré chez lui, ayant remarqué que la tombe ancienne mais assez récemment entretenue où le papillon avait disparu était gravée du nom d'Akiko. Il n'était parti que quelques minutes, mais pendant cet intervalle, son oncle était mort. Plus tard, lorsqu'il a décrit la visite du papillon à sa mère peu avant la mort de son oncle, celle-ci lui a raconté que, lorsqu'il était jeune homme, son beau-frère et une fille nommée Akiko étaient très amoureux, mais qu'Akiko était morte peu avant le jour prévu pour leur mariage. Il a acheté une maison près de sa tombe, a pris soin de la tombe pendant plus de 50 ans et n'a jamais parlé à personne de son demi-siècle de deuil. Sa belle-sœur connaissait bien la cause de l'isolement qu'il s'était

imposé et le respectait : elle-même avait été une jeune mariée heureuse au moment des fiançailles puis de la mort d'Akiko. Elle n'avait aucun doute sur le fait que c'était l'esprit d'Akiko sous la forme d'un papillon blanc qui était venu prendre l'esprit de l'homme qu'elle aimait à la fin de sa vie mortelle.

1. La dot inhabituelle

Une histoire impliquant l'amour maternel concerne un bol en bois. Le père était déjà décédé lorsque la mère est tombée gravement malade. Elle a donné à la fille unique du mariage un bol en bois. Elle est généralement décrite comme une laque noire ordinaire. Il a demandé à la fille de le mettre sur sa tête. Il lui a également dit qu'il ne serait jamais possible de l'enlever : le moment viendrait où le bol se détacherait de lui- même. Avec cela comme seul héritage, la jeune fille a vécu une vie misérable, portant sur sa tête le bol étrangement lourd et inamovible. Elle finit par trouver du travail dans la cuisine d'une famille de paysans. Leur fils, qui rentrait chez lui pour une visite après un long séjour à Kyoto, l'a vue et, malgré la cuvette, est tombé amoureux d'elle.

Il a supplié ses parents de lui permettre de l'épouser. Après un certain temps, ils ont donné leur permission, mais à contrecœur ; la fille n'avait rien en dot, et de toute façon il y avait le bol. La jeune fille elle-même n'était pas heureuse de ce mariage pour les mêmes raisons que ses futurs beaux-parents, mais elle aimait leur fils et a fini par céder à ses supplications.

Après l'échange de trois tasses de saké, point central de la cérémonie de mariage, le bol s'est divisé en plusieurs parties, et une grande quantité de pièces d'or et d'argent et de pierres précieuses sont tombées sur les genoux de la mariée. La mère décédée s'est assurée que la jeune fille aurait non seulement un mari désintéressé et bon, mais aussi une fortune à emporter avec elle dans sa nouvelle maison.

1. Le bûcheron et la fontaine de jouvence

Le temps, ainsi que le mariage, sont à nouveau les thèmes du conte d'un bûcheron. Cet homme était vieux au début de l'histoire. Par une chaude journée, il a eu soif et a bu à un ruisseau auquel, sans raison particulière, il n'avait jamais bu auparavant. L'eau était claire, coulait rapidement et avait un goût particulièrement délicieux. Le ruisseau provenait d'une petite flaque d'eau et il s'y rendit pour étancher sa soif. Lorsqu'il s'est agenouillé, il a vu son reflet dans la piscine et était presque méconnaissable : il a vu le visage qui avait été le sien quand il était jeune. Il réalisa avec joie qu'il avait bu à la fontaine de jouvence. Courant d'une manière dont il n'avait pas été capable depuis de nombreuses années, il est rentré chez lui auprès de sa femme. Après quelques difficultés, il la persuada que celui qui parlait avec cette voix qu'elle connaissait si bien et dont les traits lui étaient familiers depuis leur jeunesse était bien son mari. Il a fait valoir qu'elle aussi devrait boire la même eau, car il se lasserait bientôt d'une épouse plus âgée que lui de plusieurs années. Le bûcheron lui dit où se trouvait l'étang d'où sortait le ruisseau et elle, seule, se hâta de poursuivre son chemin. Son mari l'attendait avec beaucoup d'impatience et, sans doute, de curiosité. Lorsque, après un intervalle pendant lequel elle aurait dû revenir, il n'y eut aucune trace d'elle, il partit à la recherche de sa femme qui devait, comme lui, être à nouveau jeune. Il a atteint la fontaine et là, couchée sur la rive, se trouvait une petite fille. La vieille femme, dans son impatience, avait bu trop d'eau de la fontaine de Jouvence. L'histoire s'arrête là, et il est difficile de ne pas spéculer sur l'avenir du mariage du bûcheron et de sa femme qui ont trafiqué le temps.

1. Le vieil homme et le cerisier

Une vieille histoire raconte qu'un vieil homme aimait les cerisiers et qu'il avait reçu le pouvoir de les faire fleurir. C'est une combinaison d'une histoire de plantes et d'une histoire d'animaux. Le vieil homme avait une femme et ensemble ils prenaient soin de leur chien. Ils étaient pauvres et leur seule forme de divertissement consistait à exercer l'animal et à regarder les cerisiers en fleurs au printemps. Une année, le couple a emmené le chien en promenade pour voir une fleur particulièrement belle.

Sur le chemin du retour, le chien creusa sur le sol et dans le trou qu'il fit, ils trouvèrent un tas de pièces d'or. Leur pauvreté a ainsi pris fin. Un voisin méchant, un peu comme celui de l'histoire du moineau à la langue coupée, était rongé par la jalousie. Il a emprunté le chien, l'a forcé à creuser un trou et lorsqu'il n'a trouvé que des déchets, il l'a tué. Le gentil couple de personnes âgées a enterré l'animal sous un cerisier en fleurs dans leur jardin. Ils pensaient que le chien kami vivait dans l'arbre et étaient donc réticents à couper l'une de ses branches, même si elle menaçait la maison. Cependant, ils ont fini par le faire et ont façonné un mortier avec le bois, pensant que de cette façon le kami serait au moins utile. Cette année-là, il y avait une famine et, malgré leur nouvelle richesse, ils n'avaient que peu de riz à mettre au pilon. Lorsque sa femme a utilisé le mortier pour la première fois, elle a constaté que la farine remplissait le mortier à ras bord. Grâce au mortier de bois de cerisier et à l'esprit du chien, ils disposaient d'une réserve de nourriture inépuisable. Comme ils avaient partagé leurs richesses avec ceux qui étaient moins fortunés qu'eux dans le village, ils ont distribué la farine pour la durée de la famine. Le méchant voisin ne s'est pas contenté de cela et a demandé à emprunter le mortier. Ils le lui ont généreusement prêté. Mais pour lui, aucune farine n'est venue, seulement une masse d'insectes urticants et de créatures rampantes. Avec fureur, il a brûlé le mortier. Cependant, il a permis au vieil homme de recueillir les cendres et les a jetées sur la tombe du chien sous le cerisier. Bien que ce soit longtemps avant la période de floraison des cerisiers, l'arbre a fleuri immédiate-ment. Le vieil homme passa le reste de ses jours à faire fleurir les arbres en saison et hors saison, en utilisant les morceaux de cendres du mortier.

Parmi la multitude de légendes sur les cerisiers, il y en a une sur une nourrice nommée O-Sode. Elle s'est engagée à prendre soin d'une petite fille, l'unique enfant de parents qui n'étaient pas dans la fleur de l'âge. À l'âge de 15 ans, cette enfant est tombée gravement malade et O-Sode, qui l'aimait tendrement, est allée prier au temple tous les jours pendant trois semaines pour sa guérison. À la fin de cette période, la maladie a quitté la jeune fille et elle a été déclarée complètement guérie. Les parents organisent une fête pour célébrer le fait que leur petite fille a échappé à la mort et pendant les festivités, O-Sode tombe soudainement malade. Le lendemain matin, son état s'est aggravé et elle a dit aux parents de la jeune fille qu'elle avait prié pour que la maladie mortelle lui soit transmise et qu'elle mourrait ce jour-là à la place de leur fille. Sa dernière demande, au moment de mourir, était qu'un cerisier soit planté dans le jardin du temple où ses supplications avaient été entendues. Ce souhait a été honoré et l'arbre a toujours fleuri à l'anniversaire de la mort d'O-Sode, soi-disant depuis plus de 150 ans. On l'appelait le cerisier du lait de la nounou, non seulement à cause de l'œuvre d'O-Sade, mais aussi parce que les fleurs ressemblaient à des mamelons aspergés de lait.

1. Kystes du bûcheron

Une histoire bien connue concerne deux bûcherons ayant des kystes sur le visage. Dans certaines versions, ils ont rencontré des démons ou des oni sur la montagne. Dans d'autres versions, les créatures sont des tengu (ce qui semble plus probable vu les circonstances).

Chacun des bûcherons avait un kyste sur la joue : un sur la joue gauche et l'autre sur la joue droite. L'homme à la joue gauche défigurée était rude, méfiant, jaloux et avait peu d'amis. L'autre bûcheron était différent dans le sens où il était joyeux, amical. Il est évident que ni l'un ni l'autre n'étaient fiers de leurs femmes, mais l'un était résigné à ce qu'il croyait être un coup du sort injuste et l'autre acceptait le fait avec patience et même avec joie. Un soir, le sympathique bûcheron a été retardé dans son retour en bas de la montagne lorsque son travail s'est terminé à cause d'un violent orage. Il s'est réfugié dans un arbre creux au bord d'une clairière. Lorsque la pluie a cessé et que l'orage s'est éloigné dans la vallée, il a vu, à sa grande surprise, une foule de créatures étranges filtrer dans la clairière devant lui. Ils formèrent un cercle et commencèrent à danser, en utilisant des pas et des contorsions qu'il n'avait jamais vus auparavant. Il est resté caché dans le tronc de l'arbre jusqu'à ce qu'il soit contaminé par le chant des danseurs et qu'il sorte pour les rejoindre. Ils étaient de joyeuse compagnie malgré leur apparence étrange et ont encouragé leur nouveau compagnon à danser un solo. Il l'a fait à leur grande satisfaction. Ils étaient si satisfaits de sa performance qu'ils l'ont supplié de revenir la nuit suivante et de danser à nouveau pour eux. Il semblerait qu'ils ne se soient pas rendu compte que le bûcheron considérait le kyste sur sa joue comme une difformité, car cela les a intrigués, et ce qui semblait être leur chef lui a soudainement arraché le kyste, en disant qu'ils le garderaient en gage de son retour. L'arrachage du kyste de son visage a été absolument indolore et le bûcheron a été ravi de découvrir qu'il avait une joue lisse comme l'autre. Il se dépêche de rentrer chez lui, car la tempête s'est complètement calmée, et sa femme se réjouit avec lui de la nouvelle apparence de son visage. Il se trouve que le bûcheron avec un kyste sur la joue gauche a appelé le couple cette nuit-là pour emprunter des outils ménagers. Il a naturellement été intrigué par la disparition du kyste du mari et s'est fait raconter l'histoire. Il persuada l'homme de bonne humeur de prendre sa place et de danser pour les créatures le soir suivant, et écouta attentivement lorsqu'ils atteignirent la clairière de la forêt en haut de la montagne. Le soir suivant, il se cacha dans le tronc creux de l'arbre et, à la tombée de la nuit, il eut très peur lorsque le groupe d'êtres d'un autre monde se rassembla pour leur danse. Son impatience de se débarrasser de son kyste l'emporta sur sa peur, il alla parmi eux et se mit à danser. Il n'était pas un artiste aussi habile que son voisin, ou peut-être sa danse était-elle sans joie. Quelle que soit la raison, la compagnie n'était pas satisfaite de la performance qu'il avait réalisée et l'a traité d'imposteur. Cela ne l'a pas découragé et il a continué à se pavaner jusqu'à ce que les créatures le forcent à s'arrêter. Puis leur chef se moqua de lui pour son incompétence et se plaignit que le bûcheron qui dansait si bien n'était pas arrivé. Autant il semble que la créature ait admiré l'autre bûcheron, autant la raison de son action suivante est obscure : une pure déception, peut-être. Il sortit le kyste de dessous ses robes et l'appliqua sur la joue droite du bûcheron, puis, appelant ses disciples, les conduisit, en dansant et en chantant, à travers la clairière vers la forêt sombre. Le kyste qui s'était développé sur la joue de son voisin était irrémédiable et le bûcheron a passé le reste de sa vie avec deux kystes au lieu d'un. Que sa nature ait changé, tout comme son apparence faciale, et que cela ait changé pour le meilleur ou pour le pire est une question de conjecture.

1. Benten, porteur de bonheur

Benten, la seule femme parmi les dieux de la fortune, se voit attribuer de nombreuses réalisations en plus de sa position élevée de déesse de la mer. La littérature et la musique sont placées sous son patronage, mais elle est également considérée comme un donateur de richesse et de bonheur romantique. Le culte de Benten a gagné en popularité à partir du 12e siècle, peut-être en raison de la rencontre de Kiyomori avec elle en mer. En fait, la mer semble être sa maison et on pense qu'elle est la fille du Roi Dragon, sous sa forme humaine, portant une couronne avec un serpent dessus.

La rencontre de Tawara Toda avec le roi dragon, l'histoire qui inclut la fille du roi, est définitivement associée à Benten : la fille n'a pas épousé le héros humain et les avantages qu'elle a reçus après avoir tué les millepattes géants sont considérables.

Benten est également associé au lac Biwa, le site de cette histoire. Kyoto et Kamakura, notamment l'île d'Enoshima située au large de la côte, près de la capitale de Yoritomo, lui sont également associées. Un sanctuaire lui est dédié sur l'île. L'association de Benten avec les dragons et la mer semble culminer à Enoshima, et le fait qu'elle soit si souvent représentée chevauchant un cheval ou escortée par un dragon semble être dû à l'histoire d'Enoshima plutôt qu'à celle de son père.

On raconte qu'avant l'apparition d'Enoshima, un dragon vivait sur le continent, près de la bande de sable qui le relie aujourd'hui à marée basse à l'île. Ce dragon mangeait des enfants dans le village aujourd'hui connu sous le nom de Koshigoe, très proche d'Enoshima et de Kamakura. C'est dans ce même village que Nichiren a échappé par miracle à la décapitation au XIIIe siècle. Au 6e siècle, un tremblement de terre a frappé Enoshima, et Benten est apparu dans le ciel au-dessus. Elle est ensuite entrée sur l'île et a épousé le dragon. Cela a mis fin à l'appétit du dragon pour la chair humaine.

Dans une autre version, il a épousé un des rois dragons après lui avoir fait constamment la cour : il était extrêmement laid et avait la forme d'un serpent.

La grotte d'Enoshima est également connue pour avoir été la demeure du mari dragon ou serpent de Benten. On dit également qu'un tunnel souterrain relie la grotte à la base du mont Fuji.

Les photos et les images de Benten la montrent parfois avec huit bras, dont deux sont pliés en prière, et sous cette forme elle ressemble à Kwannon, la déesse de la Miséricorde. Leurs images sont réunies dans les temples et leur représentation de la bonté est sans doute similaire. Benten utilisait traditionnellement un serpent blanc comme messager, mais elle en a utilisé un autre dans la légende qui la concerne, basée à Kyoto. C'est en 1701, selon Lafcadio Hearn, peu avant que les 47 Ronin ne se lancent dans leur quête, que Benten a négocié une histoire étrange et romantique à Kyoto. Dans l'enceinte du temple d'Amadera, un jeune homme instruit du nom de Baishu remarqua un bassin nouvellement construit près d'une source où il avait l'habitude de boire. Il remarque également pour la première fois une tablette près de celle-ci avec l'inscription "Eau de naissance" et un nouveau temple dédié à Benten. Alors qu'il s'interrogeait sur ces questions, un morceau de papier a volé dans l'air et s'est posé à ses pieds. Sur celui-ci, dans une belle calligraphie gravée par une jeune main féminine, se trouvait un poème d'amour qui lui était familier. Il a ramené le papier chez lui et l'a étudié attentivement. L'écriture était exquise et il en a déduit que l'auteur était à la fois charmant et mature. Il décide de découvrir son identité et de l'épouser. Comme le document lui était parvenu alors qu'il se trouvait au temple de Benten, dans l'enceinte du temple d'Amadera, il y est retourné pour demander l'aide de Benten. Il n'était pas le premier à la prier pour un mariage heureux, ni le dernier. Il a promis de prier au temple tous les jours pendant une semaine et de passer la nuit du septième jour en veille. Juste avant l'aube, alors que sa nuit de prière s'achevait, il a entendu quelqu'un tenter de pénétrer dans l'enceinte du temple principal, puis des pas s'approcher du petit temple dédié à Benten. Un vieil homme, d'apparence vénérable, le rejoint à l'intérieur et peu après, un beau jeune homme bien habillé apparaît. Le jeune homme s'adressa au vieil homme, lui disant qu'il cherchait son aide pour réaliser une union pour laquelle des prières avaient été pieusement dites. Sans un mot, le vieil homme sortit une corde rouge de sa manche et en attacha une extrémité autour de Baishu. Il plaça l'autre extrémité dans la flamme d'une des lanternes du temple et, lorsqu'elle était allumée, la fit tourner dans l'air. Il venait d'achever cette tâche lorsqu'une jeune femme est entrée dans le temple Benten et s'est assise à côté de Baishu. Elle tenait l'éventail contre son visage, mais il pouvait voir qu'elle était très belle. Le beau jeune homme s'est alors adressé directement à Baishu pour la première fois. Il lui dit que ses prières avaient été exaucées par Benten

et qu'elle l'avait incité à convoquer le vieil homme pour les unir. Il a également dit que la jeune femme qui les avait rejoints était l'auteur du poème qu'il avait trouvé. Puis les deux hommes et la femme ont disparu. Baishu est resté seul. Ces êtres angéliques que Benten avait utilisés à ses fins n'étaient pas des serpents et ne faisaient pas partie du royaume de la mer.

Sur le chemin du retour, Baishu a rencontré une jeune fille qu'il a immédiatement reconnue comme étant l'apparition qui l'avait rejoint dans le temple. Il lui a parlé, mais n'a pas dit qu'il l'avait déjà vue. Elle était de toute évidence complètement indifférente au fait qu'un étranger apparent lui parlait et a répondu naturellement. Ils ont marché ensemble vers la maison de Baishu, sans mentionner leur rencontre au temple. En fait, la jeune femme ne semblait pas consciente de ce qui s'était passé. Quand ils ont atteint la porte, elle a soudainement annoncé que Benten l'avait déjà nommée sa femme. Baishu n'a pas eu besoin de la convaincre de venir chez lui. Pendant quelques mois, ils y ont vécu ensemble comme mari et femme. Aucun de leurs voisins n'a prêté attention au changement de situation de Baishu : c'était comme si la jeune femme était invisible pour tous, sauf pour son mari, alors que pour lui, elle était bien réelle. Leur satisfaction commune est totale et elle l'enchante encore davantage par son intelligence et ses réalisations artistiques. C'était un homme instruit et ils étaient bien assortis. Alors que l'automne se transforme en hiver, Baishu se promène seul dans un quartier de Kyoto qu'il ne connaît pas bien. Un serviteur s'est approché de lui et lui a demandé de l'accompagner et de servir son maître. Baishu ne connaissait ni le serviteur ni son employeur, mais il y alla. À la grande surprise de Baishu, le maître du serviteur lui dit qu'il le connaissait comme son futur gendre. Il expliqua que, soucieux d'arranger un mariage convenable pour sa fille unique, il avait dispersé des poèmes qu'elle avait copiés dans tous les temples de Kyoto dédiés à Benten, ayant auparavant prié la déesse pour obtenir de l'aide. Benten lui est alors apparu en rêve, lui disant qu'un bon mari avait été trouvé pour sa fille et qu'elle le rencontrerait durant l'hiver à venir. La nuit précédente, Benten est revenu à lui pendant son sommeil et lui a dit que le lendemain, le futur mari de sa fille passerait devant sa maison et qu'on le ferait venir. Il a donné au père de la jeune fille une description détaillée de l'apparence de son futur gendre, qui correspondait exactement à celle de Baishu. Avant que Baishu n'ait pu expliquer qu'il était déjà marié, l'homme ouvrit la porte qui menait à la pièce suivante, et là se trouvait la future mariée, qui n'était autre que la

jeune femme dont Benten avait déjà fait son épouse dans le temple. Ils avaient un mariage terrestre et étaient aussi en forme dans leur mariage qu'ils l'avaient été auparavant. Il semblerait qu'après le mariage arrangé par son père, la jeune fille n'ait jamais fait référence à sa période précédente avec Baishu, car à l'époque, c'était avec son âme que Baishu avait vécu, son âme sous forme corporelle.

Dans le second mariage, l'union était vraiment complète, car elle était alors avec son âme et son corps. Sans doute Benten souhaitait-il tester Baishu en tant que mari avant de lui confier complètement la jeune femme. Il est impossible de répondre à la question de savoir comment elle s'est comportée dans la maison de son père alors que son âme était mariée à Baishu. Souvent, l'esprit ou l'âme d'un amant vient rejoindre son partenaire après la mort. Dans l'histoire de Baishu, l'ordre était inhabituellement inversé car l'esprit de la jeune fille était venu avant qu'elle ne soit mariée.

1. Urashima

Basil Hall Chamberlain, qui a introduit le Kojiki en anglais, a traduit l'histoire d'Urashima à partir d'un poème japonais classique, et WG Aston, le traducteur du Nihongi, a écrit une version en prose. Depuis, elle n'a cessé d'être racontée.

Urashima était un jeune homme travaillant comme pêcheur. Il a sauvé une tortue de la mort sur la plage où elle avait été retournée sur le dos par des voyous.

Dans d'autres documents, il a attrapé la tortue en pêchant et l'a relâchée.

La tortue est un symbole de la vieillesse et doit être respectée comme telle. Plus tard, lorsqu'il est sorti sur son bateau, Urashima a revu la créature et ils ont parlé ensemble. La créature aquatique se révéla être la fille du roi dragon des mers et se transforma en une jeune femme d'une grande beauté. Urashima l'a accompagnée au royaume sousmarin. Là, ils sont tombés amoureux et se sont mariés, avec la pleine approbation du Roi Dragon. Au bout d'un certain temps, Urashima a eu envie de revoir son pays natal et de rendre visite à ses parents, car il voulait leur annoncer son mariage et s'assurer qu'ils seraient bien entourés pendant les années à venir. Sa fiancée n'était pas heureuse de cette décision, mais elle a accepté quand Urashima a promis de revenir vers elle. Ce n'était pas une promesse difficile à faire : il voulait que son mariage se poursuive. Elle lui a donné une boîte et lui a extorqué la promesse qu'elle ne l'ouvrirait pas pendant sa visite. Il s'agissait d'une boîte en laque, fermée par une ficelle en soie, et la femme d'Urashima a dit que s'il l'ouvrait, il ne la reverrait jamais. Sous sa forme de tortue, elle l'a escorté jusqu'au rivage, puis l'a laissé sur la terre ferme pour se diriger vers son ancienne maison. Quand il est arrivé, il a été consterné de découvrir que tout semblait avoir changé. Les contours des collines environnantes étaient les mêmes, mais le village semblait différent et il ne trouvait pas la maison de ses parents. Même les villageois étaient tous étrangers à Urashima. Il demanda en vain où étaient ses parents jusqu'à ce qu'il rencontre un vieil homme qui lui dit qu'ils étaient morts depuis des siècles et que leur fils unique, nommé Urashima, s'était noyé dans la mer 400 ans auparavant.

Désemparé, le jeune homme retourna sur la plage, réalisant que son temps au royaume de la mer n'avait pas été mesuré en années

mortelles. Peut-être pour trouver une réponse à l'énigme du temps, peut- être par curiosité pour le contenu du cadeau d'adieu que sa femme lui a offert, il rompt sa promesse et ouvre la boîte. Les années, sous la forme d'un mince filet de fumée, ont émergé. Ses cheveux sont devenus gris, puis blancs. Son corps s'est contracté et son visage s'est couvert de cicatrices. Ses yeux se sont brouillés, puis son cœur a cessé de fonctionner. Les siècles avaient atteint Urashima. Les villageois ont trouvé le corps d'un très vieil homme étendu dans le sable. Hearn cite la date de la dernière expédition de pêche d'Urashima en 477 AD et celle de son retour et de sa mort en 825 AD. Dans le Nihongi, la date de son départ est datée de 478 AD. Dans un mythe aussi ancien, une différence d'un an n'a aucune importance : l'histoire reste essentiellement la même.

1. Autres mythes

Le mariage est un thème récurrent. Elle est au centre de l'histoire du mariage de la souris. Les parents de la souris ont essayé de la fiancer au riz, à l'eau, au soleil, au vent et au tonnerre et à d'autres êtres ou éléments similaires. Les souris visaient haut, mais toutes celles qui s'approchaient refusaient, disant aux parents de la souris qu'une autre était plus puissante et conviendrait donc mieux comme gendre. Le riz, par exemple, disait que l'eau était plus puissante, car sans elle il ne pouvait pas pousser.

Finalement, la souris s'est mariée à une autre souris.

Là encore, les animaux sont représentés avec des traits humains, capables de parler à ceux qui ne sont pas de leur espèce.

Ce qui est particulièrement japonais, c'est l'accent mis sur les mariages mixtes entre personnes de même rang. Et le thème de l'héroïsme est également sans fin.

Même dans l'histoire relativement moderne des 47 ronin, un homme qui a insulté Kuranosuke pendant la période où les ronin vivaient incognito et planifiaient leur assaut sur le manoir de Kira Kozuke-no- Suke, a commis le même hara-kiri en pénitence après que les ronin aient exécuté leurs plans. Il a fait cela devant la tombe de Kuranosuke, pour s'assurer que son esprit était conscient de la punition auto-infligée, et a été enterré en compagnie des ronin. Sa tombe était la quarante- neuvième, car les 47 ont été enterrés avec leur maître daimyo, Asano.

Il y a deux histoires qui semblent ne pas avoir été écrites en anglais auparavant. L'un d'entre eux est clairement d'origine bouddhiste, mais semble avoir vu le jour au Japon.

Un homme avait une mère peu aimable : elle était mauvaise et de mauvaise humeur. Il est mort après elle et lorsqu'il est arrivé au paradis, il a découvert que sa mère n'était pas là mais en enfer. Peut-être l'aimaitil : il sentait certainement qu'il avait un devoir envers elle. Il a donc demandé à Bouddha s'il pouvait monter et le rejoindre. La réponse a été que si l'homme pouvait trouver un seul acte de bonté que sa mère avait fait dans sa vie, elle pouvait venir. Après de nombreuses recherches, il a découvert une bonne action. La femme avait un jour donné un poireau à un mendiant qui était venu chez elle. C'est la seule manifestation de charité qu'elle ait connue durant sa vie terrestre. On produisit donc le poireau et on le lui apporta. On lui a dit de s'y accrocher et que de là, elle serait élevée au ciel. Son fils assiste anxieusement à l'opération. Mais c'était en vain. Le poireau n'a pas pu supporter son poids et s'est brisé. Le légume qu'il avait donné au mendiant était pourri, c'est pour cela qu'il l'avait laissé prendre et qu'il ne pouvait pas le monter au ciel. La méchanceté était sa nature même.

L'autre histoire vient de la partie nord de Honshu, où il était de coutume que les femmes s'occupent des chevaux. Un homme riche avait une belle écurie dans laquelle se trouvait un très bel étalon. La fille de l'homme l'a emmené avec les autres chevaux, et un jour elle a caressé l'étalon et lui a dit qu'elle le trouvait si beau que s'il était un homme, elle voudrait l'épouser. À ces mots, l'étalon est tombé amoureux de la jeune femme. Sa passion était si grande qu'il ne voulait ni manger ni boire et tomba malade. Son propriétaire envoya des devins pour découvrir la cause de cette maladie, et lorsqu'on lui répondit que son cheval était malade par amour pour sa fille, sa colère fut intense. Il était tellement en colère qu'il a tué le cheval et l'a dépecé. La peau a été exposée au soleil pour sécher et la jeune femme qui avait tant aimé l'animal est venue prier pour l'esprit de l'étalon. Soudain, la peau s'est levée, a enveloppé la jeune fille et l'a emmenée au paradis. Peu après, de la zone où l'on avait vu la peau disparaître, des pluies d'insectes noirs et blancs sont descendues, rougeoyant sur les mûriers du domaine de l'homme riche. Ces insectes ont commencé à manger les feuilles, et en le faisant, ils ont retiré un fil fin. On dit qu'ils ont été les premiers vers à soie, les noirs venant du cheval et les blancs de la fille. On dit aussi que le père de la jeune fille est devenu encore plus riche grâce à l'union entre l'esprit de son cheval et sa fille.

CHAPITRE 8

M YTHOLOGIE ET JAPON
MODERNE

Les mythes de ce livre sont anciens, et ni le shintoïsme
ni le bouddhisme n'étaient ou ne sont principalement
des religions basées sur la revisitation des mythes.

La plupart des ouvrages de référence sur le Japon moderne affirment que la religion n'est pas un élément très
important de la vie japonaise. Pourtant, Akihito, qui est
devenu empereur en 1989, a fait remonter sa famille à
plus de 2 600 ans, jusqu'à l'empereur Jimmu, et donc à
la déesse du soleil.

En octobre 2005, le Premier ministre japonais Junichi-
ro Koizumi a provoqué la colère d'autres nations asi-

atiques en visitant le sanctuaire Yasukuni à Tokyo, où les Japonais morts à la guerre sont "commémorés et vénérés comme des divinités", y compris des soldats exécutés comme criminels de guerre. Les morts deviennent des kami, même s'ils ont fait des choses terribles.

Aujourd'hui, l'événement annuel le plus important de tout sanctuaire japonais est le festival annuel appelé gion matsuri. Au cours de cette célébration, les hommes et les femmes apportent une image du sanctuaire local dans le quartier pour le sanctifier ainsi que la population locale. Les mythes, les traditions et les cérémonies qui l'accompagnent continuent d'influencer la vie et la culture japonaises modernes à tous égards. De nombreux Japonais observent les coutumes shintoïstes mais sont enterrés selon les rituels bouddhistes. L'appréciation de la nature par les Japonais, l'importance qu'ils accordent à la propreté et à la purification et la discipline qu'ils apportent au jeu et au travail sont toutes liées aux traditions shintos et bouddhistes. Il existe un dicton populaire

au Japon : 80% des Japonais se disent bouddhistes, 80% se disent shintoïstes et 80% affirment ne croire en aucune religion.

Le mélange japonais de bouddhisme et de shintoïsme est moins une question de foi qu'une question d'agir d'une certaine manière : méditer, visiter des temples bouddhistes et des jinta shinto, ou sanctuaires.

La plupart des mariages sont shintoïstes. La plupart des funérailles sont bouddhistes. Les deux traditions mettent l'accent sur la purification rituelle : on se rince la bouche et on se lave les mains avant de visiter un sanctuaire. Et de nombreuses visites de sanctuaires et de bénédictions rituelles continuent.

Lorsque le terrain est ouvert pour un nouveau bâtiment, une cérémonie est organisée pour pacifier les kami qui y vivent et purifier le lieu.

Les nouveaux avions sont purifiés avant leur premier vol, tout comme les nouvelles voitures sur une chaîne de montage en usine. Les dirigeants de Toyota voyagent à trois heures de leur siège social pour dévoiler leurs dernières voitures au sanctuaire de la déesse du soleil, Amaterasu.

Les mythes ne sont plus aussi importants qu'autrefois, mais la tradition japonaise se perpétue, avec quelques modifications typiquement japonaises.

Une visite au sanctuaire comprend toujours la toilette, la sonnerie d'une cloche (pour invoquer le kami), deux révérences et deux applaudissements avant de faire une offrande.

Peu de communautés japonaises sont dépourvues de leurs propres sanctuaires shintoïstes ; on en compte plus de 80 000 dans tout le pays. Vous pouvez toujours obtenir votre fortune sur un morceau de papier dans un sanctuaire. Si elle est bonne, vous la gardez, et si elle est mauvaise, vous la laissez attachée près du sanctuaire, où le kami la fera disparaître. La différence moderne est que vous pouvez maintenant acheter votre fortune dans un distributeur automatique.

En quoi croyaient les Japonais, les Nordiques, les Grecs ou les Égyptiens ? Quelle était leur conception de la vie ?

Ce ne sont là que quelques-unes des questions qui nous obsédaient lorsque nous étions enfants et que nous redécouvrons encore aujourd'hui grâce à diverses découvertes archéologiques. Notre équipe est composée d'auteurs dont la passion pour l'histoire et la mythologie des cultures les plus anciennes est indéchiffrable. Nous sommes un groupe de diplômés en archéologie et en histoire de l'art des universités les plus prestigieuses d'Europe. Notre obsession de découvrir les secrets des cultures anciennes et notre joie de transmettre cette passion aux générations futures nous ont permis d'écrire le premier des nombreux volumes (en italien) à paraître en librairie : "Mitologia Norrena".

Fasciner les lecteurs avec des cultures anciennes mythiques. Telle est notre mission que nous essayons de refléter dans nos livres et nos enseignements.

Nous vous demandons maintenant une petite faveur : pourriez-vous aller sur Amazon et donner votre propre avis sur le livre ? Ce n'est que grâce à vos commentaires que nous pouvons écrire des livres ou des articles meilleurs et plus inspirants pour vous.

Milton Keynes UK
Ingram Content Group UK Ltd.
UKHW020733291223
435170UK00014B/567